新时代我国服务业
开放与发展

杨玉英　鲍富元　编著

上海交通大学出版社

内容提要

　　本书主要内容是根据国内外服务业开放发展的历程与现状,研判全球服务业发展趋势和国际规则演变态势,评估我国服务业开放发展成效,分析产业升级和消费升级对服务业开放发展提出的新要求,研究推进服务业规则与国际市场接轨、进一步扩大服务业开放发展的重点领域、阶段性任务和推进步骤。

　　本书可以作为相关研究人员的参考用书。

图书在版编目(CIP)数据

新时代我国服务业开放与发展/杨玉英,鲍富元编著.—上海:
上海交通大学出版社,2019
ISBN 978 - 7 - 313 - 22884 - 0

Ⅰ.①新…　Ⅱ.①杨…②鲍…　Ⅲ.①服务业-经济发展-研究-中国
Ⅳ.①F726.9

中国版本图书馆 CIP 数据核字(2020)第 021669 号

新时代我国服务业开放与发展
XINSHIDAI WOGUO FUWUYE KAIFANG YU FAZHAN

编　　著:杨玉英　鲍富元

出版发行:上海交通大学出版社	地　　址:上海市番禺路 951 号	
邮政编码:200030	电　　话:021 - 64071208	
印　制:当纳利(上海)信息技术有限公司	经　销:全国新华书店	
开　本:710mm×1000mm　1/16	印　张:10.75	
字　数:188 千字		
版　次:2019 年 12 月第 1 版	印　次:2019 年 12 月第 1 次印刷	
书　号:ISBN 978 - 7 - 313 - 22884 - 0		
定　价:49.00 元		

序　言

　　中国特色社会主义进入新时代，改革开放和经济社会发展进入新的历史阶段，这意味着"十四五"时期中国经济将呈现出与以往大不相同的发展态势，一方面，"十四五"时期将是推动中国经济由高速增长阶段向高质量发展阶段转变的关键时期；另一方面，"十四五"时期将是完成全面建成小康社会目标之后开启现代化建设征程的第一个五年，是为基本实现社会主义现代化奠定基础的关键时期。与此同时，国内外环境也发生了重大变化。从国内看，经济进入新常态，我国处于经济由高速增长阶段转向高质量发展阶段，供给侧结构性改革在我国高质量发展中面临新任务，化解社会主要矛盾依然困难重重，服务业结构优化升级面临新形势；从国际上看，世界经济发展进入经济秩序重构时期，以美国为代表的贸易保护主义抬头，中美贸易摩擦加剧，全球治理规则酝酿新变化，我国扩大开放"引进来"与"走出去"对服务业开放与发展提出了新要求。

　　一是我国经济进入高质量发展新阶段，社会主要矛盾已经转化为人民日益增长的美好生活需要和不平衡不充分的发展之间的矛盾。服务业内部既有关系人民生活质量的消费者服务，也有支撑科技创新产业升级的生产者服务，还有关系国家安全社会和谐稳定的公共服务，"十四五"时期要求建立起适应产业升级和内需升级要求、产业结构优化和产品品质优良的服务业供给体系，需要在开放条件下促进发展，也需要通过扩大开放满足多层次的生活服务需求、需要通过开放学习和引进国外先进的服务业经验。

　　二是"十四五"时期全球化收缩是大概率事件，全球贸易收缩势必影响中国服务业吸引外资水平和服务贸易规模，影响服务业开放进程。要把握中国进入新常态的阶段性特征，立足服务业提质增效，探索建立起适应国际新形势的新型服务业开放体系。

　　三是"一带一路"倡议深入实施，要把握"一带一路"推进的有利时机，分析服务贸易发展新形势和正确理解新趋势,努力扩大服务贸易规模,培育中国在全球服务业竞争中的新优势,促进中国经济高质量发展和中国全球战略的实现。

从20世纪80年代开始,中国开始申请加入世界贸易组织(WTO),按照改革开放的总体战略部署,积极推进服务业领域的改革,努力扩大服务业对外开放。近年来,中国服务业发展呈现主体地位进一步巩固、服务业规模不断扩大、服务业新动能快速成长的良好态势,服务业对外开放正成为服务业高质量发展的重要驱动力。2018年,服务业实现增加值469 575亿元,同比增长7.6%,增速比第一产业和第二产业分别高出4.1和1.8个百分点,居国民经济三大产业增长之首,占国内生产总值的比重达到52.2%,比第二产业高出11.5个百分点。服务业对我国经济平稳运行持续发挥关键作用,服务业对经济增长贡献率接近60%。全年共完成固定资产投资375 324亿元,占全部固定资产比重62%,同比增长5.5%。但随着国内外形势变化,中国服务业起步晚、底子薄、经验少,服务业质量、结构、效益有待进一步优化,特别是公共服务提供、垄断行业改革、科技研发创新等服务领域体制机制一系列深层次矛盾和问题进一步凸显。

作为最大贸易出口国,我国产业结构的变化使得进出口结构以及在世界产业价值链中所处的位置不断调整。美国发起的贸易战及所奉行的"单边主义"政策将对我国的国际贸易与产业升级产生重要影响。同时,随着"一带一路"的推进,我国产业的国际转移和对外投资规模也在不断增大,服务业对外投资在整个投资中占据重要地位。因此,分析"十四五"时期我国在国际服务贸易与产业升级方面可能面临的主要问题、挑战与应对措施具有重要的战略意义。推进经济体制进一步深化改革,需要从内外环境变化出发,牢牢把握释放内需市场潜力这一战略基点,以创造良好的营商环境为重点,充分发挥市场在资源配置中的决定性作用,着力构建市场机制有效、微观主体有活力、宏观调控有度的经济体制。

本书立足于"十四五"时期经济社会发展全局,将服务开放视为推动经济高质量发展的重要驱动力、解决新时期经济发展矛盾的抓手、激发社会发展活力的新动能,全面分析"十四五"时期服务业开放面临的挑战,考察在产业升级和消费升级新形势下我国服务业对外开放的要求,研判全球服务业发展趋势和国际规则演变态势,分析我国服务业发展与对外开放的关系,评估开放经验与效果,厘清我国服务业发展与国际规则和国际市场接轨的相应内容,从而形成"十四五"时期服务业开放的总体思路,提出服务业开放的主要任务。

本书来源于国家发展和改革委员会"十四五"规划前期研究重点课题,"我国服务业对外开放总体思路和主要任务"课题研究成果,得到了国家发展改革委发展战略和规划司的指导、支持和资助。从1992年6月进入当时的国家计划委员会长期规划和产业政策司工作，我从一个年轻气盛的青年人成长为委属单位责任重大如履薄冰的党政"一把手"，成为在规划、服务业领域有"一技傍身"的"专家"，每一步都离不开组织的培养和帮助，由衷地感谢国家发展和改革委员会对我的培养和帮助。

现在"负面清单"已经是人们耳熟能详的概念，然而在20世纪90年代，中国在加入WTO服务贸易谈判中由于开放的领域实在有限，只能使用"减让表"，我当时受单位委派作为中国谈判代表团成员多次参加在日内瓦举行的服务贸易谈判，那时以美国为首的发达国家咄咄逼人，极力要求中国增加"减让表"的内容，谈判情景还历历在目。如今，几十年过去，中国已经形成了全方位、宽领域、高层次的开放新格局，服务业也占据了国民经济的半壁江山，而美国特朗普们在后悔当初不应该让中国加入WTO，掀起了逆全球化浪潮，国际服务贸易发展也进入了"后WTO"时代。在这种形势背景下开展我国服务业对外开放研究意义重大。

本书是团队努力协作的集体成果。2018年5月我进入三亚学院成为旅游与酒店管理学院院长，在我55岁的时候三亚学院圆了我的大学老师梦。感谢三亚学院陆丹校长，高度重视支持并配套资助了课题研究。我作为课题组长，在课题副组长鲍富元老师协助下带领三亚学院教师团队共同完成了课题研究任务，旅游与酒店管理学院19位教师参与了研究工作，在此不一一列举。我们开展多次实地调研、集中研讨、观点交流，利用课外时间和寒暑假，认真查阅相关资料文献、收集数据，力求研究内容反映新时代服务业开放发展最新情况。主要课题组成员王涛、王欣、刘运良、闫静、王春瑜、任安娱共同完成了本书撰写。感谢刘晓鹰副校长、朱沁夫校长助理的支持指导，感谢李善同、杨永恒、夏杰长、任旺兵、李冠霖等专家指导，感谢出版社编辑的辛勤工作。

服务业开放发展研究是个动态的持续过程，本书仅是对服务业开放发展过程中的若干重要方面进行了探索，尚有许多不足之处，还请读者批评指正。

杨玉英

2019年11月8日

目 录

第一章

国际服务业开放历史、现状及趋势

第一节 国际服务业总体概况

当今世界有一个突出的经济现象便是发达国家服务业产值占其 GDP 的比重一般都达到 70% 以上,尤其是北美、西欧等地区国家,服务业在其经济中成为最重要的组成部分。我们将这些国家称之为"服务经济"型国家。除了发达国家外,也有许多发展中国家的服务业产值占其 GDP 的比重超过了 50%。

伴随着服务业在国家经济中地位的不断提高,其在国际经济中的重要性也迅速增加。在贸易自由化浪潮下,服务贸易自由化继货物贸易自由化之后,已成为当今国际对外经济交往中的一个重要现象。从 1980 年开始,服务贸易占世界国际贸易总额的比重从 17%,增加到 1990 年的 20%。根据 WTO 统计,2017 年服务贸易占国际贸易总额的比重已达到 23.1%。

2007 年国际金融危机后,全球货物贸易增长缓慢,国与国之间的贸易争端频发,贸易保护主义抬头,服务贸易的迅速发展带动了各国经济的持续稳定增长。2016 年服务贸易率先实现正增长,为 2017 年开始的全球经济回升发挥了引领作用。研究表明,服务贸易增长率对 GDP 增长率的弹性值大约保持在 1.5 至 2.6 倍之间。

虽然服务贸易对世界经济的稳定增长起到了至关重要的作用,但学术界对服务贸易的关注,一般认为起始于 20 世纪 70 年代。其原因主要有:①20 世纪 70 年代以来,信息技术的飞速发展引发了电信服务业的技术革命。电信革命与运输革命的结合打破了长期形成的服务业非贸易观念。在数据处理和电信领域,新的服务不断涌现,并极大地改变了许多传统服务的面貌。一个显著的特点是它们变得容易交易;②20 世纪 70 年代,许多国家开始放松对国内服务业竞争的管制,从而使服务市场自由化;③跨国公司内部生产职能的全球化导致了大量的企业内部国际服务贸易。上述原因导致了服务贸易空前的快速增长,引起了有关国家特别是美国服务业和政府的关注,也引起了学者们对服务贸易研究的兴趣。

然而,由于缺乏服务贸易的国际规则,世界服务贸易的发展潜力受到抑制。因此,自20世纪70年代以来,美国积极倡导由发达国家的实业家、政府决策者和学者提出的服务贸易自由化倡议,呼吁将其纳入新一轮多边贸易谈判的议程。发达国家与发展中国家,经过长期的、艰难曲折的谈判,终于在1994年12月签署了《服务贸易总协定》,为世界服务贸易的发展构建了一个全球性多边贸易框架,随后又先后达成了《金融服务协议》和《基础电信协议》等服务贸易协议,将服务贸易自由化不断推向深入。在此时期,欧盟(EU)、北美自由贸易协定(NAFTA)和亚太经合组织(APEC)等区域性经济组织也达成了有关服务贸易的协议。此外,有关服务贸易的双边协议也在不断增多。由此遂在全球、区域和双边三个层面形成了服务贸易自由化的趋势,有力地促进了服务贸易的发展。

服务贸易的历史与货物贸易的历史一样悠久。然而,它的快速发展是在二战后的50年,特别是20世纪70年代以来的40年,从服务贸易近40年的发展来看,主要有以下特点:

一、服务贸易逐年增长,但受经济周期影响,增长率波动较大

据国际货币基金组织统计,1970年至1980年,服务贸易年均增长率为17.8%,与同期贸易年均增长率大致相同。在这一时期,直到1979年,服务贸易的增长率才超过同一年的货物贸易增长率。当年服务贸易增长24%,商品贸易增长21.7%。

但在20世纪80年代,服务贸易的增长趋势明显放缓。据统计,1980年至1989年,服务贸易年均增长6.69%,商品贸易年均增长2.49%。20世纪80年代,发达国家服务贸易年均增长11%,而商品贸易同期仅增长8%。进入90年代,服务贸易的年均增长率依然高于同期货物贸易的年均增长率4个百分点。1990年至1999年的服务贸易年均增长率均为7.66%,货物贸易年均增长率仅为3.21%。

从2000年到2017年,延续了20世纪90年代的增长趋势。服务贸易年均增长率比同期商品贸易年均增长率高4个百分点。2000年至2017年,服务贸

易年均增长 7.83%，商品贸易年均增长 3.55%。到 2017 年，服务贸易进出口总额占国际贸易进出口总额的 22.45%，比 1980 年提高了 6.67 个百分点，如表 1.1 所示。

表 1.1　货物贸易与服务贸易总额一览表(1980—2017 年)

年度	货物贸易进口总额	货物贸易出口总额	服务贸易进口总额	服务贸易出口总额	服务贸易总额占比	年度	货物贸易进口总额	货物贸易出口总额	服务贸易进口总额	服务贸易出口总额	服务贸易总额占比
1980	2.08	2.04	0.40	0.37	15.78	1999	5.93	5.72	1.38	1.41	19.29
1981	2.07	2.01	0.42	0.38	16.33	2000	6.72	6.46	1.46	1.49	18.32
1982	1.94	1.89	0.40	0.37	16.78	2001	6.48	6.19	1.48	1.49	19.01
1983	1.89	1.85	0.38	0.36	16.56	2002	6.74	6.50	1.56	1.60	19.26
1984	2.02	1.96	0.40	0.37	16.17	2003	7.87	7.59	1.79	1.85	19.08
1985	2.02	1.95	0.40	0.38	16.53	2004	9.57	9.22	2.15	2.25	18.95
1986	2.21	2.14	0.46	0.45	17.32	2005	10.87	10.51	2.38	2.52	18.65
1987	2.58	2.52	0.54	0.54	17.49	2006	12.46	12.13	2.67	2.85	18.31
1988	2.97	2.87	0.63	0.60	17.42	2007	14.33	14.03	3.17	3.42	18.87
1989	3.21	3.10	0.69	0.66	17.62	2008	16.57	16.17	3.64	3.85	18.60
1990	3.60	3.49	0.82	0.79	18.52	2009	12.78	12.56	3.30	3.49	21.13
1991	3.63	3.51	0.85	0.83	19.10	2010	15.51	15.31	3.61	3.83	19.45
1992	3.90	3.78	0.95	0.93	19.67	2011	18.50	18.34	4.06	4.30	18.48
1993	3.89	3.79	0.96	0.95	19.92	2012	18.71	18.50	4.17	4.40	18.72
1994	4.43	4.33	1.05	1.04	19.27	2013	19.02	18.96	4.38	4.64	19.20
1995	5.29	5.17	1.19	1.18	18.47	2014	19.14	18.97	4.86	4.94	20.46
1996	5.55	5.41	1.26	1.27	18.80	2015	16.79	16.52	4.73	4.86	22.36
1997	5.74	5.59	1.30	1.33	18.83	2016	16.30	16.03	4.77	4.89	23.01
1998	5.68	5.50	1.31	1.35	19.17	2017	18.07	17.71	5.07	5.28	22.45

注：数据来源于世界银行网站，单位为万亿美元。

　　由上文可知，自 20 世纪 70 年代以来，全球服务贸易得到了发展。截止到 2017 年，全球服务贸易总额达到 10.35 万亿美元。但受经济周期、经济危机和美元汇率影响，服务贸易增长率的波动幅度较大，如图 1.1 所示。

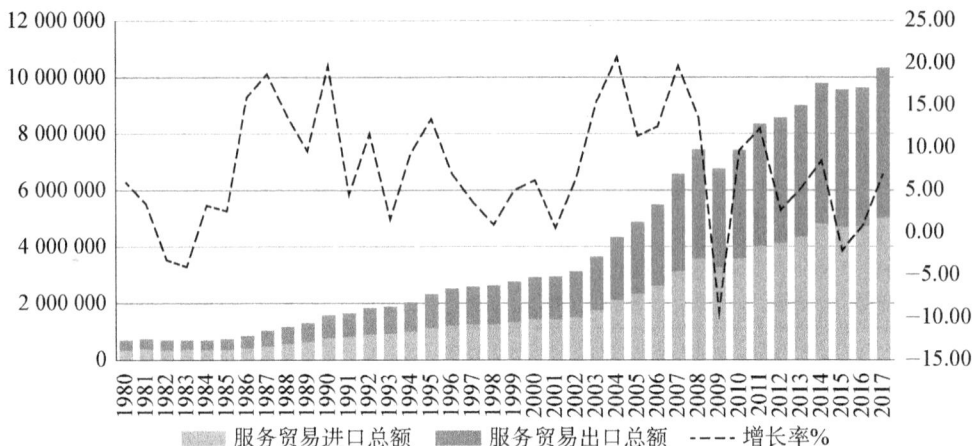

图 1.1　全球服务贸易进出口总额及其增长率(1980—2017 年)

二、服务贸易构成不断变化,信息技术革命影响深远

在国际上,服务贸易一般分为三大类:运输服务、旅游服务和其他服务贸易。在 1980 年,运输服务占整个服务贸易总额的 40%,旅游服务占 30%,其他服务占 30%。经过 40 多年的发展,服务贸易的构成也发生了较大的变化(见图 1.2、图 1.3、图 1.4 和图 1.5)。

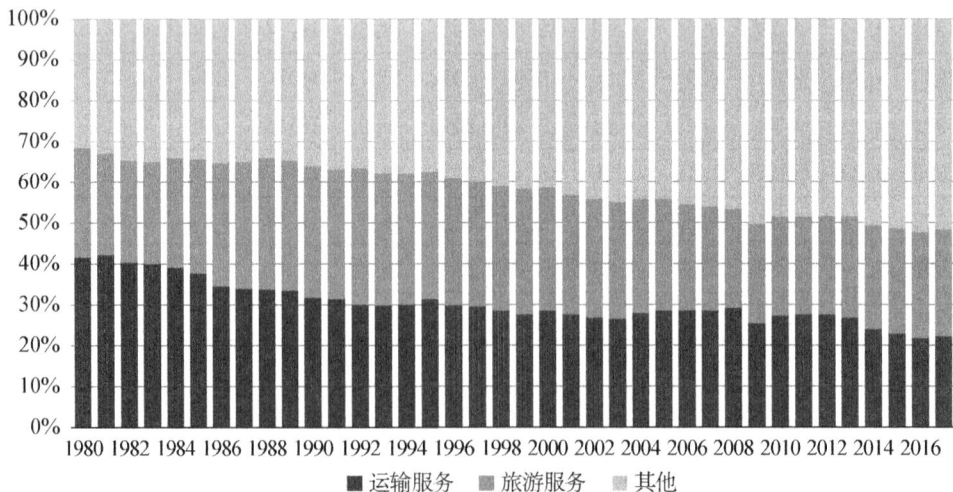

图 1.2　全球服务贸易进口构成情况(1980—2017 年)

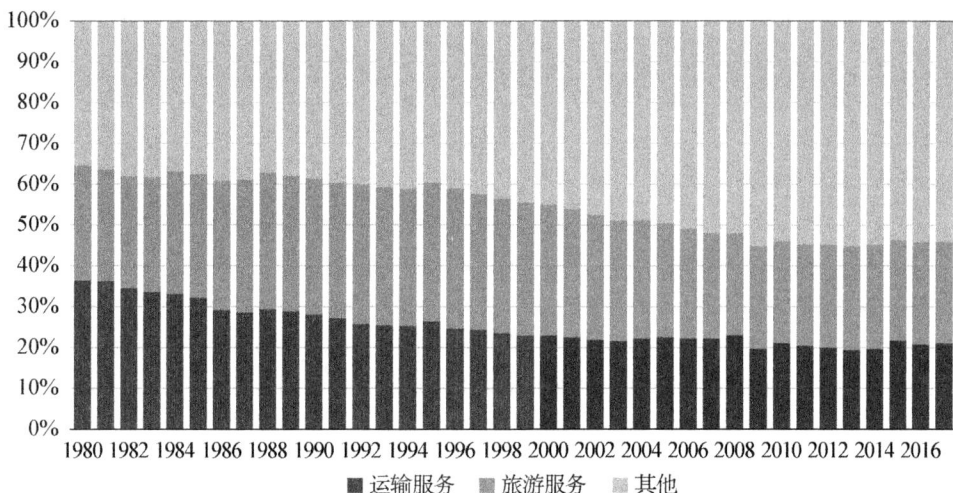

图 1.3 全球服务贸易出口构成情况（1980—2017 年）

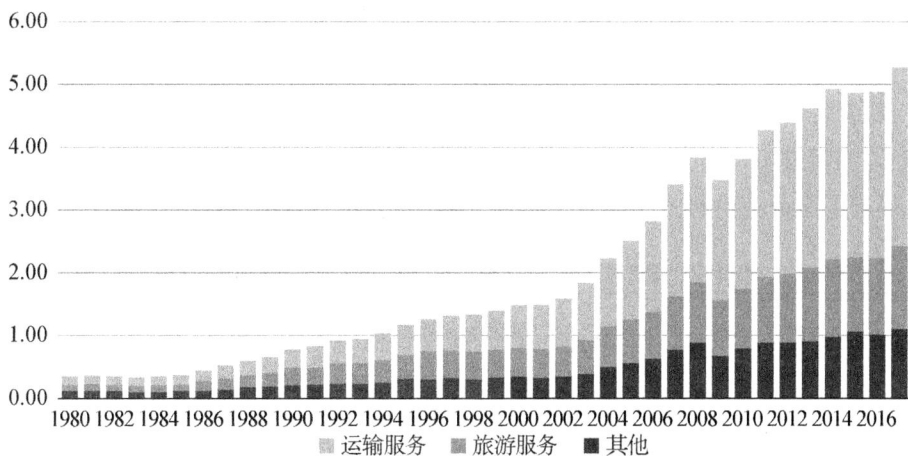

图 1.4 全球服务贸易出口总额及其构成情况（1980—2017 年，单位：万亿美元）

2000 年较 1980 年，世界服务贸易构成变化如下：运输服务比重下降到 23%，旅游服务比重略有上升到 32%，其他服务比重迅速上升到 45%。从 1980 年到 2017 年，其他服务业的平均增长率达到 8.8%，而运输服务业和旅游服务业的平均增长率分别只有 5.9% 和 7.3%。到 2017 年，运输服务进出口总额近占服务进出口总额的 20%，运输服务进出口总额占比下降。其他服务贸易的大幅增长主要是由于信息技术革命的到来，包括信息、金融、电信和其他生产性服务的快速增长。与此同时，传统的服务贸易项目如交通运输、劳务输出等则有继续下降的趋势。

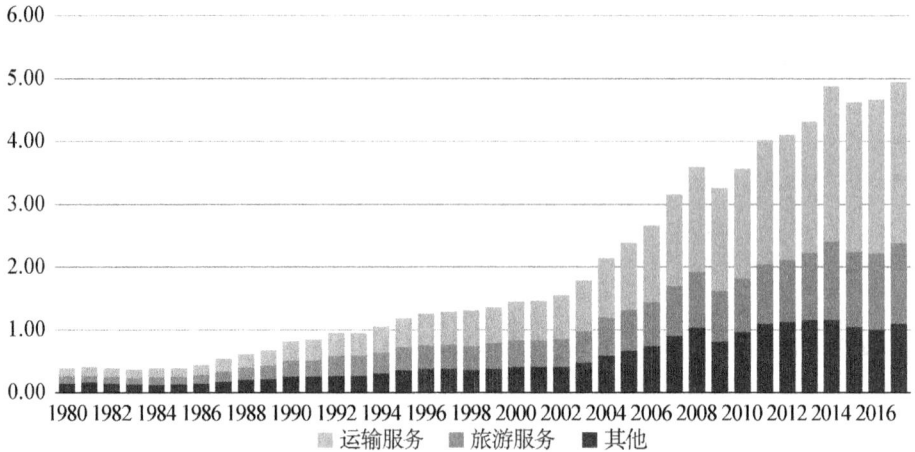

图 1.5　全球服务贸易进口总额及其构成情况(1980—2017 年,单位:万亿美元)

三、服务贸易品种增多,服务业开放程度不断深化

随着各国服务业开放程度的加深,服务贸易的种类也在增加。随着信息通信技术的不断进步,以信息服务、计算机服务和通信服务为代表的现代服务业迅速发展,促进了服务业的进一步发展,各国之间的服务贸易总额不断增长。

表 1.2　服务贸易分种类出口总额一览表(2005—2017 年)

服务贸易种类	2005	2008	2009	2011	2014	2015	2016	2017	年均增长率
Goods-related services(货物相关服务)	931	1 372	1 264	1 531	1 714	1 652	1 717	1 839	6.12
Manufacturing services on physical inputs(实物投入的制造服务业)	619	949	825	991	991	891	911	959	4.21
Maintenance and repair services(维护和修理服务)	313	423	439	540	723	760	807	880	9.16
Transport(交通)	5 804	9 080	7 098	9 038	9 916	8 993	8 564	9 315	4.71
Travel(旅游)	6 930	9 647	8 785	10 741	12 526	11 947	12 170	13 095	5.67
Other commercial services(其他商务服务)	12 360	19 420	18 108	22 036	27 062	26 043	26 481	28 546	7.51
Construction(建设)	454	941	870	926	1 099	964	890	1 011	7.81

（续表）

服务贸易种类	2005	2008	2009	2011	2014	2015	2016	2017	年均增长率
Insurance and pension services（保险与养老金服务）	667	1 012	1 013	1 092	1 361	1 221	1 254	1 262	5.81
Financial services（金融服务）	2 182	3 544	3 159	3 879	4 499	4 400	4 394	4 637	7.02
Charges for the use of intellectual property（知识产权使用费）	1 642	2 285	2 205	2 701	3 374	3 390	3 463	3 806	7.45
Telecommunications（电信）	680	1 053	1 019	1 103	1 203	1 129	1 136	1 154	4.77
Computer services（计算机服务）	1 227	2 114	2 018	2 582	3 383	3 401	3 504	3 816	10.21
Information services（信息服务）	121	169	161	168	251	251	273	304	8.19
Other business services（其他服务）	5 118	7 925	7 311	9 040	11 316	10 712	11 004	11 866	7.55

注：数据来源于世界贸易组织数据库，下同；单位为亿美元。

表 1.2 显示，21 世纪初以来，贸易自由化进程进一步深化。随着计算机、通信和信息技术的进步，2005—2017 年计算机服务和信息服务出口贸易年均增长率分别为 10.21％和 8.19％，明显高于同期服务出口贸易增长率。同时，传统的交通服务业和旅游服务业也在增加，其出口额相对较低的增长率解释了他们在服务贸易总额中所占份额正在下降的事实。同时，高收入国家出口更多的保险和金融服务，而低收入和中等收入国家主要出口电信和计算机服务。高收入国家仍然是全球知识产权的最大受益者，中低收入国家的边际份额自 2000 年以来有所下降。

四、服务贸易地区和国别分布不平衡

从服务贸易发展的地区和国别分布上来看，发达国家和发展中国家有明显的区别。自 2000 年以来，西方发达国家（美国、德国、英国、法国、荷兰、日本、意大利、西班牙、加拿大）服务贸易总额虽然呈现不断下降的趋势，下降幅度高达 12％，但这九个国家服务贸易总额占比仍高达 42.2％（如表 1.3 所示）。就发展中国家来说，金砖五国（中国、巴西、俄罗斯、印度、南非）表现突出，服务贸易占比从 2000 年的 7.81％增加到 14.74％，增长迅猛，其中中国增长速度尤为突出。另外，其他的东南亚国家与部分发展中国家的服务贸易占比也有所增长，但增长速度相对缓慢。

表 1.3　服务贸易分国别或地区占比一览表(2000—2017 年)

国家或地区	2000	2005	2010	2015	2016	2017	国家或地区	2000	2005	2010	2015	2016	2017
美国	16.49	12.39	12.17	12.52	12.59	12.34	新加坡	1.98	1.99	2.67	3.35	3.31	3.24
德国	7.32	7.03	6.37	5.83	6.00	6.00	韩国	2.16	2.11	2.36	2.17	2.12	2.00
英国	7.27	7.84	5.89	5.81	5.49	5.38	澳大利亚	1.29	1.25	1.43	1.21	1.22	1.26
法国	4.73	5.57	5.05	4.89	4.86	4.72	泰国	0.98	0.90	0.99	1.08	1.14	1.17
荷兰	3.50	3.38	3.90	4.23	3.84	4.13	马来西亚	1.03	0.81	0.89	0.78	0.77	0.76
日本	6.17	4.62	3.90	3.49	3.64	3.56	菲律宾	0.29	0.29	0.39	0.55	0.57	0.59
意大利	3.73	3.58	2.79	2.05	2.08	2.15	印度尼西亚	0.69	0.67	0.56	0.54	0.55	0.54
西班牙	2.88	2.97	2.38	1.90	2.03	2.07	越南	0.20	0.17	0.23	0.28	0.29	0.29
加拿大	2.81	2.40	2.28	1.88	1.86	1.84	新西兰	0.32	0.36	0.28	0.27	0.28	0.28
小计	54.89	49.79	44.74	42.62	42.39	42.20	小计	8.94	8.56	9.80	10.23	10.26	10.12
国家或地区	2000	2005	2010	2015	2016	2017	国家或地区	2000	2005	2010	2015	2016	2017
中国	2.23	3.14	4.89	6.78	6.80	6.67	乌克兰	0.22	0.33	0.40	0.24	0.24	0.25
中国香港	2.20	2.01	1.99	1.86	1.79	1.75	伊朗	0.12	0.30	0.35	0.27	0.26	0.25
中国澳门	0.14	0.18	0.35	0.38	0.38	0.41	尼日利亚	0.17	0.15	0.30	0.22	0.15	0.22
印度	1.18	2.18	3.05	2.90	3.04	3.25	哈萨克斯坦	0.09	0.18	0.20	0.18	0.18	0.16
俄罗斯	0.87	1.33	1.61	1.44	1.27	1.39	斯里兰卡	0.08	0.09	0.09	0.13	0.14	0.13
巴西	0.83	0.70	1.15	1.06	0.97	0.97	巴基斯坦	0.12	0.06	0.13	0.13	0.13	0.14
南非	0.36	0.46	0.46	0.31	0.29	0.30	孟加拉国	0.06	0.05	0.07	0.09	0.10	0.11
小计	7.81	10.00	13.50	14.73	14.55	14.74	小计	0.86	1.29	1.53	1.26	1.18	1.25

由表 1.3 可知,即使发达国家服务贸易总额占比趋于下降趋势,但仍主导了全球服务贸易的基本格局。主要原因在于,伴随着信息技术革命的到来,发达国家拥有比较优势的领域多集中于资本密集、技术密集和知识密集型的服务上面,如数据处理、金融、电信以及各种专业化服务等服务的出口。而发展中国家的服务出口则多集中于劳动密集、自然资源密集型的服务上面,如工程劳务、旅游等

服务的出口。这种结构特点的原因与货物贸易相同,均反映了发达国家和发展中国家由于经济发展水平和阶段的不同而所拥有的比较优势的差异。而在此轮技术进步背景下,中国和印度两国在通信、计算机以及信息技术方面的革新,实现了服务贸易结构的升级改造,打破了发达国家在此领域的垄断地位(如图1.6所示)。尽管如此,现阶段服务贸易格局仍然呈现出地区和国别分布不平衡的特征。

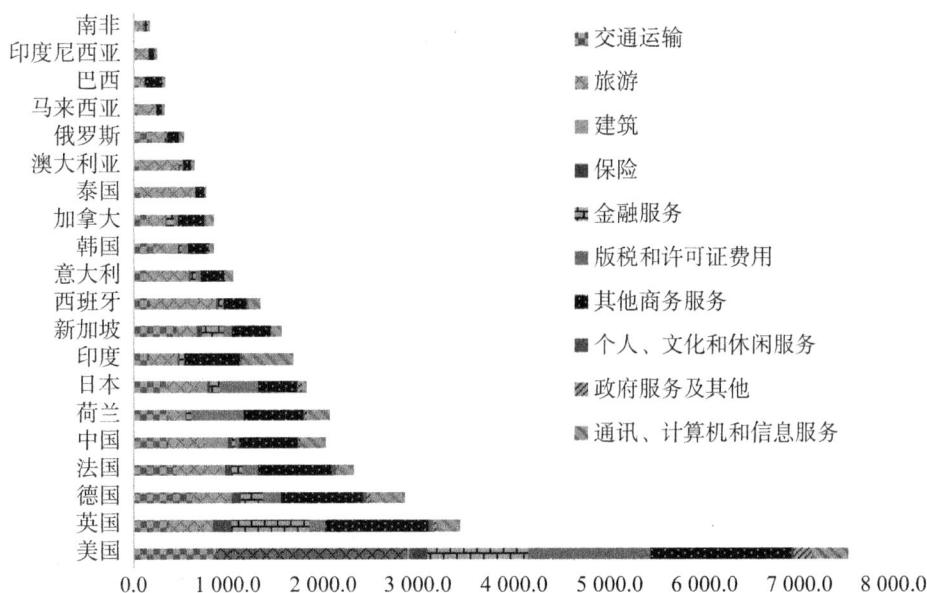

图 1.6 部分国家服务贸易总额及其构成情况(2017 年,单位:亿美元)

五、商业存在模式促进了贸易与投资的交互融合

根据《服务贸易总协定》(GATS)定义,"服务贸易"有四种主要的提供方式:跨境交付,指从一成员境内向任何其他成员提供服务;境外消费,指在一成员境内向任何其他成员的服务消费者提供服务;商业存在,指一成员的服务提供者在任何其他成员境内通过商业存在提供服务;自然人流动,指一成员的服务提供者在任何其他成员境内通过自然人流动提供服务。

随着全球经济一体化进程的加快和运输、商务成本的降低,服务生产要素的跨境流动和共享日益普遍,服务贸易的四种模式之间的互动日益明显。特别是,商业存在与自然人流动之间存在着一种替代与互补关系。

其次,随着 1995 年《服务贸易总协定》的正式生效,服务贸易规则的基本框架已经确定,服务贸易自由化的原则和具体规则得到了澄清。同时,它还为世贸组织成员提供了多边层面的服务贸易自由化协商平台,特别是 GATS 采用的积极清单(positive list)管理模式,这促进了服务贸易商业存在提供模式的大量涌现。根据 WTO 秘书处的估计,目前国际服务贸易的构成情况,跨境支付模式约占 30%;境外消费模式约占 15%;商业存在模式占最大比例,超过 50%;自然人流动模式占最低比例,约 5%。

第二节　服务贸易及其对外开放的规律特征

一、经济服务化及其对外开放呈现出的阶段性特征

各个国家和地区服务业的发展进程主要表现出以下阶段性特征:①在工业化进程的早期阶段,如欠发达和落后的发展中国家,生产主要以满足基本物质需求为主,服务业在国民经济中的作用较小,仅起到一定的补充作用。国民经济结构按三个产业分工呈现"一、二、三"的特点;②在工业化中期,商业、交通、通讯迅速发展,服务业地位开始提高。但是,工业在国民经济中占主导地位。服务型经济以生产性服务业为主,规模较小。三个产业的国民经济结构呈现出"二、一、三"的特点;③在工业化进程的后半期,随着国民财富的增加和金融、保险、专业服务业的快速发展,生产服务业依然占主导地位,生活服务业发展迅速。如中国等新兴市场国家的三个产业分工,其国民经济结构呈现出"二、三、一"的特点;④在后工业化阶段,服务业进入全面完善和发展阶段。此时,第三产业在国民经济中占据主导地位,科技信息产业成为经济增长的主要推动力。国民经济结构呈现出"三、二、一"的特征。例如,大多数发达的资本主义国家都进入了这一阶段。

随着各国经济服务业的发展,各国服务业的对外开放也呈现出阶段性特点。首先,自西方发达国家率先进入服务业全面改善和发展阶段以来,服务业发展的垄断竞争优势和比较优势在服务业开放的范围和程度上并存。发达国家比发展中国家更开放、更自由。对于发展中国家来说,秉承着保护本国幼稚产业的原则,倾向于进行贸易保护。因此,在服务贸易发展的各阶段,服务业对外贸易首先表现为发达国家之间占主导地位的进出口服务贸易,其次才是针对发展中国家占次要地位的进出口服务贸易。

二、科技进步成为推动服务贸易的主导因素

服务业及其对外贸易的蓬勃发展,是现代科学技术广泛渗透到服务业的结果。新技术在服务领域的应用,不仅提高了服务业自身的经营效率,促进了社会生产力的提高,而且开发了差异化的服务产品。目前,各国都把促进技术进步和发展服务业作为繁荣经济、增加就业的重要手段。法律、信息、管理、金融、技术等服务业已成为经济发展的主要动力,也是当代服务业快速发展的重要领域。特别要指出的是,以计算机和信息技术为代表的第三次科技革命是当代服务业及其贸易迅速发展的最重要原因。1993年初美国提出的"信息高速公路"计划,能够有效地连接全国乃至世界各主要经济实体,提供各种服务,对全球经济产生重大影响,并为信息服务贸易的发展提供了前所未有的机遇。

在交通、通信、计算机和信息技术进步的推动下,服务业不断突破国界和区域限制,迅速走向全球化,世界服务贸易呈现出更加快速的发展。在服务业对外开放的过程中,国外投资在发达国家服务业中的比重不断提高,涌现出一大批服务型跨国公司。例如,美国等发达国家在服务业的投资已经超过了汽车等工业领域。在外商投资中,服务业投资占比已经居于首位。

三、服务贸易自由化与贸易壁垒的此消彼长,共同存在

从理论上讲,服务贸易自由化不仅能够促进服务提供者提高服务效率,减少过度国内管制引起的寻租行为,减少不必要的服务成本,而且还能够通过外来服务要素的流入带来知识和技术外溢,从而促进了国内服务业的发展和经济的增长。就实际需求而言,随着服务贸易在全球贸易中的地位不断改善,各国特别是西方发达国家主张取消服务贸易壁垒,国际服务贸易自由化的必要性正变得越来越迫切。1995年服务贸易总协定的正式生效已成为国际服务贸易自由化的一个重要象征。

对发展中国家来说,由于处于服务贸易的不利地位,许多发展中国家倾向于在国内进行服务贸易壁垒设置,因此政府的政策干预也更多。主要原因是:①考虑维护国家经济、政治、文化的独立和安全,考虑保护本国就业,将推动政府设置服务贸易壁垒;②维护国内一些特定利益集团的既得利益,也可能是一些国家实施服务业监管和服务业贸易保护的原因;③微型企业采取的限制性商业惯例也可能妨碍

有效竞争和形成服务贸易壁垒。

同时,根据每个经济体设置服务贸易壁垒的程度不同,经济从服务贸易自由化中获取贸易利润也各不相同。不同的服务贸易模式呈现出不同的法律特征,对应不同形式和不同程度的服务贸易壁垒限制。例如,跨境交付模式面临的移动服务产品障碍较多,境外消费模式面临的资本流动障碍较多,商业存在模式面临的针对服务提供者设立障碍和资本流动障碍较多,自然人流动模式面临的人员流动障碍较多。

第三节   全球及中国服务业对外开放趋势

一、全球服务业对外开放趋势

1. 服务业已成为国际市场竞争的新焦点,服务业国际竞争力将进一步分化

目前,作为满足市场需求的一部分,服务不仅受到服务业的关注,也受到传统工业生产企业的关注。服务业已成为国际市场竞争的新领域。各国,尤其是发展中国家,越来越重视国际服务贸易市场。随着越来越多的人访问互联网并与世界其他地区进行数字贸易,这种趋势可能会继续增长。随着贸易能力的提高和服务贸易的重要性日益增加,服务业将在许多国家的经济增长中发挥越来越重要的作用。

就目前服务业的国际竞争力而言,美国在服务贸易领域仍然独占鳌头,不仅表现在传统的服务贸易领域,如运输和旅游服务领域,而且表现在金融保险、特许权使用费和许可证费方面。从长远来看,美国将继续保持在这些领域的竞争优势;在通信、计算机和信息服务领域,美国受到中国、印度、英国和德国的挑战,基本呈现出全面竞争的格局。例如,美国 IT 服务出口份额从 1990 年的 45% 下降到 2014 年的 8%,美国在这一领域的份额落后于欧元区、印度和爱尔兰。1990 年,中国没有进入任何一个服务类别的前 10 名,但在运输、旅游、信息技术和"其他"服务出口类别中排名第一。法国从 1990 年全球最大的金融服务出口国跌至 2014 年的第 8 位。从目前的贸易摩擦和贸易争端来看,服务贸易,特别是金融、通信、计算机和信息服务领域的服务贸易,将成为国际市场竞争的新焦点。在服务贸易自由化的大趋势下,迫切需要相关的贸易规则及其争端解决机制。

同时,在向服务型经济过渡的过程中,西方国家,特别是发达国家,强调知识和

技术的积累,而不是依靠传统的劳动力和物质资源。只有文化、教育、科技水平大幅度提高,服务业的竞争力才能迅速提高。因此,由于高等教育水平和技术进步,发达国家在服务贸易领域的竞争优势将继续保持和扩大,发展中国家与发达国家的差距将继续扩大,竞争力的分配将变得更加不平衡。

2. 全球服务贸易增速继续高于货物贸易的趋势将愈加明显

长期以来,货物出口在全球贸易结构中占据绝对主导地位。然而,近年来,随着全球产业结构的调整、服务贸易能力的提高和服务贸易规则的不断实施,服务出口发展迅速,特别是近年来,明显超过了货物出口增长速度。虽然全球服务贸易的增长势头自20世纪80年代以来已经显现,但长期以来,其增长势头并没有明显超过货物贸易的增长势头,而增长的“新引擎”的功能似乎还没有完全显现出来。联合国贸发会议的统计数据显示,自20世纪80年代以来,全球货物出口增长率也一直较高,在2000年、2003年、2004年、2005年、2006年、2010年和2011年等多年来,货物出口增长率明显高于服务出口增长率。因此,单从这一时期来看,并不能说明服务贸易是国家乃至全球贸易增长的“新引擎”的结论。然而,2008年国际金融危机导致全球商品出口调整期后,这种情况发生了巨大变化。2000年至2017年,服务贸易年均增长7.83%,商品贸易年均增长3.55%。到2017年,服务贸易进出口总额占国际贸易进出口总额的22.45%,比1980年增长6.67个百分点。特别是在2015年,随着全球商品出口的负增长,全球服务出口增速远快于商品出口的趋势越来越明显。服务业出口在一定程度上呈现出“新引擎”增长的功能特征。

截至2017年,全球服务贸易已全面复苏,服务贸易出口增长8%,进口增长6%。运输行业服务贸易出口增长9%;知识产权(IP)相关服务出口增长10%,并带动其他商业服务出口增长。排名前三的商业服务出口国分别为美国、英国和德国,出口总额约为1 400亿美元;美国、中国和德国则是排名前三的进口国。与IP相关的服务贸易以发达国家之间的贸易为主,一些发展中经济体服务贸易规模增长迅速,如新加坡年增长率为36%,中国年增长率为28%位居第二。

3. 服务业国际梯度转移呈加速推进趋势

近年来,联合国贸发会议发布的《全球投资报告》显示,全球对外直接投资的重点已逐渐从传统制造业转移到服务业。相关统计数据显示,20世纪80年代初,服务业对外直接投资在全球的比重仅为25%,到2004年,该比重进一步上升至51.8%。贸发会议最新发布的《2016年世界投资报告》显示,截至2015年底,服务业对外直接投资的全球存量占总投资存量的63.15%。从全球服务业对外直接投资流量来看,1990年全球服务业对外直接投资流量占45.68%,2015年占64.12%以上,约 1 128.5 亿美元。在 2008 年全球金融危机及其后续效应的影响下,全球制造业外商直接投资(Foreign Direct Investment, FDI)呈下降趋势,服务业 FDI 保持增长趋势,表明全球 FDI 正在加速向服务业集聚,这是国际贸易加速增长的重要表现。

4. 服务业呈"全球化"和"碎片化"发展趋势

20 世纪 80 年代以来,全球价值链日益成为国际分工的主导模式。随着信息通信技术的快速发展和服务交付过程的碎片化,全球价值链长度仍在进一步延伸,服务业在全球价值链中的作用日益突出。这不仅表明服务在产品生产的各个环节和阶段都成为一种重要的"粘合剂",而且在协调运营和总部管理方面也发挥了作用,服务本身(如研发、设计、营销等)日益成为价值链中重要的增值环节。现有的研究发现,产品生产创造的附加值正日益转移到价值链的低端,而服务业则不断攀升到价值链的高端。

从发展趋势来看,加强服务外包,或通过 FDI 促进跨国服务转移,以寻求较低的成本优势,将是跨国公司的重要选择。在再聚焦的发展战略下,发达国家的跨国公司必然会外包更多的服务交付流程、环节。从动态的角度来看,每一轮新的"外包"服务提供过程、环节和流程,都可能反映出更高的技术、知识和信息要素。这一动态演变趋势意味着,对于后发展中经济体而言,在进行跨国服务转移的过程中,有可能在更高层次上融入发达国家跨国公司主导的全球价值链分工体系,从而带来重要的战略机遇,提高服务业发展水平和服务出口内涵。

因此,全球价值链的真正意义日益显示出制造业、服务业、投资和贸易"一体化"的趋势。联合国贸发会议发布的《全球价值链与发展:全球经济中的投资与增值贸易(2013 年)》报告显示,增值服务在全球制成品贸易中的比重从 1995 年的不足 10%稳步上升到 2011 年的 21.8%。目前,服务贸易在全球价值链中的重要性正在上升。联合国贸易和发展会议(贸发会议)的报告显示,全球出口中只有 20%是服务出口,但大约一半的出口附加值来自服务。其中,美国等发达经济体出口制成品服务增加值超过 25%,中国等已深入融入全球价值链的经济体,制成品出口服务增加值也超过 15%。如今,无论是在国内还是国外,越来越多的服务都是通过数字手段提供的。

二、中国服务业及其对外开放趋势

1. 中国服务业发展趋势

目前,我国经济增长正由高速向中高速转变。与此同时,中国经济结构正在发生全面而深刻的变化。中国经济更加依赖内需、服务和消费驱动。2015年,消费增长首次超过1999年以来的投资增长,消费对经济增长的贡献率上升到70%左右。城镇化率和服务业比重均在50%以上。它们将在未来进一步上升,这将对改善就业和收入分配产生积极影响。

党的十八大以来,服务业特别是现代服务业和生产性服务业发展迅速,已成为国民经济中最大的产业。它已成为经济转型时期国民经济增长的新引擎,进一步发挥了国民经济的"稳定器"和"助推器"作用。2012年,第三产业占国内生产总值的比重超过了第二产业。2015年,服务业增加值比重首次超过50%,服务业占国民经济的一半。2017年,中国服务业增加值增长8%,比上年增长0.3个百分点,服务业增加值占51.6%。2018年上半年,服务业增加值占GDP的54.3%。从贡献率来看,2012—2016年,服务业对国内生产总值(不变价格)的贡献率由44.9%提高到58.2%,增长13.3个百分点。2017年,服务业对GDP增长的贡献率达到58.8%,比第二产业高22.5个百分点。2018年上半年,服务业对GDP增长的贡献达到60.5%。

同时,加快发展现代服务业和生产性服务业,优化了我国服务业的内部结构。中国服务业企业积极开展业务模式创新、信息转型、互联网线下融合发展。基于大数据、云计算和物联网的服务应用和创新正变得越来越活跃。服务业的新业态、新模式不断涌现,为服务业的发展开辟了新的空间。服务贸易、电子商务、快递、软件与信息技术服务、服务外包、文化产业、卫生服务、人力资源服务等新兴产业发展迅速,发展空间巨大,将是未来中国经济的重要稳定增长点。2017年,信息传输、软件和信息技术服务业增长26%,比上年增长7.9个百分点,反映了"互联网+"服务业的新增长势头。

此外,中国的服务业技术和标准在许多领域都处于世界先进水平。华为开发的首款端到端5G预售系统已进入许多信息产业发达国家。中国已成为全球5G技术、标准、行业和应用领域的领导者之一。我国信息、通信和计算机技术服务业的快速发展,将有助于缓解我国服务贸易逆差趋势。

2. 中国服务业对外开放发展趋势

第一,我国服务贸易快速发展,很多年份增速快于货物贸易,在2012年以来全球贸易减速中,成为增长新亮点,目前已经成为全球服务贸易的重要组成部分。2012—2017年,我国服务贸易年均增长7.8%,规模跃居世界第二;特别是2017年服务出口增长了10.6%,是7年来的最高增速;新兴服务出口占比提高了15个百分点;离岸服务外包年均增长近20%;技术出口年均增长超过30%。2017年,中国知识产权使用费出口额已超过 40 亿美元。

第二,虽然我国服务出口占国际市场的份额不断提高,但我国在国际上具有竞争力的服务行业和服务业企业仍偏少。从 2008 年起,我国服务贸易逆差急剧扩大,2010 年我国服务贸易逆差为 219 亿美元,2014 年和 2015 年分别达到了 1 599 亿美元和 1 366 亿美元,2017 年达到了 2 554 亿美元,2018 年服务贸易逆差继续扩大,如图 1.7 所示。

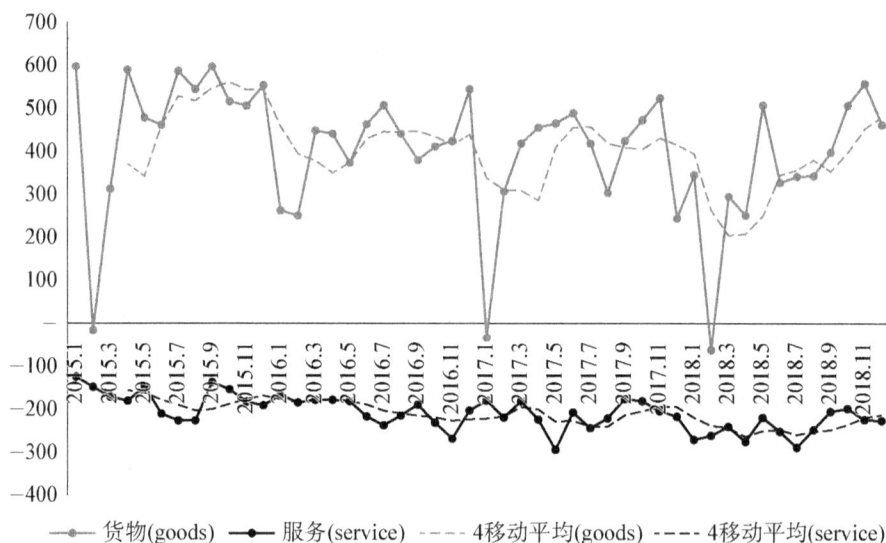

图 1.7   中国货物贸易进出口净额与服务贸易进出口净额(2015.1—2019.1,单位:亿美元)

从图 1.8 可以看出,我国除了在广告、建筑服务、计算机和信息服务、咨询等部门处于少量顺差状态外,其余部门都出现不同程度的贸易逆差。旅游、运输、特许权转让、专利等技术交易是我国主要服务贸易逆差行业。

第三,我国政府认真履行了《世界贸易组织议定书》的承诺,逐步扩大了服务市场的开放。中国服务业的数量已经超过了世贸组织的承诺水平。同时,外商投资质量不断提高,产业结构进一步优化。2011 年,中国服务业首次实际使用外资超过了第二产业。2012 年以来,我国服务业利用外资的实际规模不断扩大,服务业利用外资的比例越来越高。跨国公司在华设立的地区总部、研发机构等高端功能机构继续集聚。中国积极开展上海、广东、天津、福建等 12 个自由贸易试验区建设,出台《关于加快发展服务贸易的若干意见》等促进服务贸易发展的有关文件,开展服务贸易创新发展试点。各地开展扩大服务业对外开放综合试点,探索促进服务贸易的途径。改革商业体制机制,加大对外开放力度。中国和东盟签署了自贸

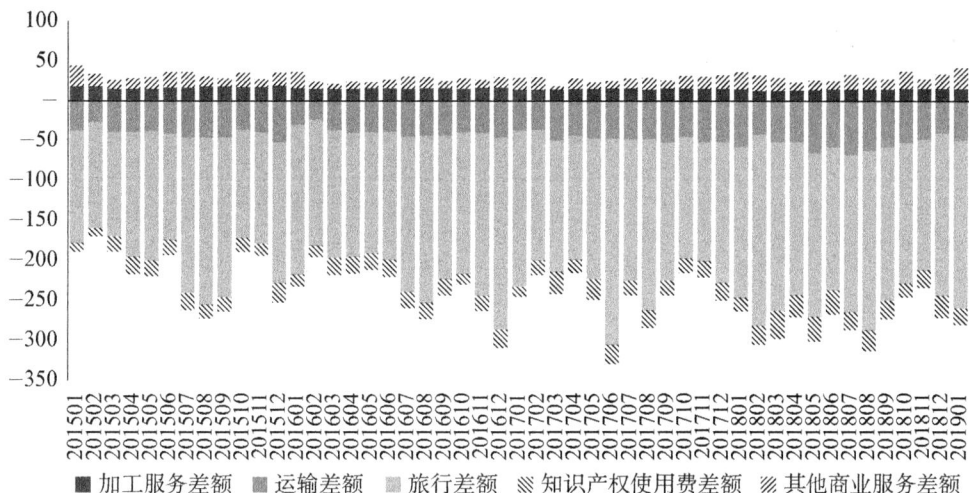

图 1.8　中国服务贸易主要类别进出口净额(2015.1—2019.1,单位:亿美元)

区升级议定书,签署并实施了中国和韩国、中国和澳大利亚等国际自由贸易协定,积极开展中国—东盟自贸区等国际自由贸易区建设,提高了服务开放水平,发展了服务业。服务外包和跨境电子商务,提高了服务业发展的质量和水平。

但需要补充的是,地方政府有关部门之间关于发展服务贸易的联动机制尚未建立和完善,导致共同努力不足,服务贸易便利化不足,贸易出口退(免)税政策不完善。在服务领域的出口退(免)税方面,除"两高一资"外,货物贸易基本可以享受出口退(免)税政策,服务贸易目录中部分服务出口只能享受零增值税税率或退(免)税政策。同时,我国服务贸易退税(免)税政策在实施中还存在着分类难、出口额难以确定等问题,影响了实施效果。此外,中高端服务业人才短缺和复合型专业人才短缺也制约着我国服务贸易国际竞争力的进一步提升。

其次,在达成的优惠贸易安排或制定的优惠贸易政策方面,中国远远低于发达国家和发展中国家的平均水平。在商业存在方面,我国在对外服务企业准入资格、准入形式、股权比例、经营范围等方面采取了限制性措施,导致我国服务业真正对外开放水平较低。自由贸易区负面清单项目的数量正在减少,但限制性措施的数量仍然很大,这与对外开放的高水平相差甚远。服务业的发展质量关乎我国出口的国际竞争力。因此,进一步扩大服务业对外开放,通过对外开放促进改革、发展和创新,在更大范围、更广领域、更高层次上参与服务业的国际合作与竞争,对提高服务业对外开放水平具有重要意义,也是我国服务贸易进一步开放和发展的主要趋势。

第二章

全球服务业市场开放国际规则演变态势

第一节　全球服务业市场开放的国际规则发展历程

一、服务贸易的发展与内容

传统的货物贸易以商品为核心内容在各国间进行交换。随着发达国家从工业化后期进入后工业化阶段,第三产业服务业的占比超过第二产业,知识密集型的现代服务业成为这些国家的重要支撑,在发达国家,服务业占国内生产总值或国民生产总值的比例达到了 65% 以上,但在其他国家这一比例却相差甚远。各国间差异化的服务业水平推动了服务贸易需求的产生,而交通、信息等技术变革带来的全球一体化使得这一需求成为现实。服务贸易从侧面推动了教育、人才、资本等资源在国家发展中重要性的提升。

根据世界贸易组织《服务贸易总协定》的分类,服务贸易分为 12 大类,分别为:"商业服务,通信服务,建筑和相关工程服务,分销服务,教育服务,环境服务,金融服务,与健康相关的服务和社会服务,旅游和旅游相关的服务,娱乐、文化和体育服务,运输服务,其他服务。"[1]

随着经济发展,发展中国家也成了服务贸易的重要参与者。以我国为例,借助信息技术与互联网发展,我国服务贸易结构正在不断升级,服务贸易进出口总额由 2000 年的 660 亿美元上升到 2017 年的 6 957 亿美元,成为服务贸易进出口的大国之一。本章研究的全球服务业市场开放国际规则变化趋势,将对我国下一步经济

---

[1] 中国服务贸易协会专家委员会. 服务贸易有哪些分类方法,分别是如何进行分类的[EB/OL]. http://www. chinaservice. org. cn/nd. jsp? id=72#fai_12_top,2017－10－26.

提质发展和加快对外开放具有重要借鉴意义。同时,对国际经贸规则的深入了解,也能推动国内企业走出去,并有效提升我国全球经贸治理话语权。

二、服务贸易规则的定义

国际贸易规则是全球贸易治理结构的发展基础,以贸易规则的创建为基础,各国的货物贸易、服务贸易等得以快速发展。贸易规则的载体,是某一区域乃至全球各国共同协商签订的国际贸易协定,这其中最具代表性的就是 1947 年签订的关税与贸易总协定(GATT)及在此基础上产生的世界贸易组织(WTO)。

国际贸易规则的本质,是各国家间利益博弈的结果,其内容涵盖了关税与非关税壁垒、知识产权、市场准入等议题,近年来,投资、劳动、环境保护和竞争政策等议题也纳入到区域贸易规则的谈判中。国际贸易规则的内涵和谈判紧随着全球政治经济环境力量角逐而变化,其影响力开始逐渐深化,甚至影响到了全球经济治理的非贸易领域。贸易是当今各国之间进行经贸交流合作的主要方式,参与世界经贸活动的各经济体,其国内政策亦受到国际经贸规则的影响,国际贸易规则由此从一国的贸易领域向其他政策领域延伸,全球贸易治理规则在全球经济治理规则中的地位随之不断加强。"[①]

三、服务贸易国际规则的特点

服务贸易与货物贸易规则相比,其交易标的具有多样性和无形性的特点。因此服务贸易市场开放原则的谈判,涉及更多的法律规定,除国内外的货物买卖法、合同法外,还要受各国及国际上有关知识产权保护的相关法律所管辖,包括工业产权法、专利法、商标法、反垄断法、公平贸易法、高技术产品出口管制法等法律规范。

服务贸易市场开放原则的另一特点是更加注重边境后原则。边境后原则是指货物或投资进入一国关境之后面临的经营环境政策,包括但不限于非关税壁垒,包括技术贸易壁垒、环境措施、知识产权、竞争政策等。[②] 边境后原则与服务贸易的投资与供应紧密相关,随着服务贸易在全球比重上升,其将成为服务业市场开放原则谈判的重中之重。

---

① 东艳. 全球贸易规则的发展趋势与中国的机遇[J]. 国际经济评论,2014,(1): 45 - 64.
② 冼国义. 如何看国际经贸规则的新动向[N]. 学习日报,2013 - 12 - 24.

四、服务业市场开放的国际原则发展历史

1. 服务贸易市场开放原则发展的第一阶段（乌拉圭回合谈判）

20 世纪 30—40 年代，各国贸易保护主义盛行。随着第二次世界大战结束，各国在恢复经济发展中面临的重要任务之一是制定国际贸易政策。经过多次谈判，美国等 23 个国家于 1947 年签订了"关税及贸易总协定"（GATT），要求"实质性地降低关税和其他贸易壁垒"。GATT 由此成为各国进行贸易往来的基本准则，也为各国进行贸易协调和政策协商提供了基础，[①]并在此基础上形成了国际贸易组织（WTO）。

20 世纪 70 年代以前，发达国家尚未进入后工业化阶段，世界贸易的主流是货物贸易，因此在 GATT 中，并没有明确将服务贸易作为重要议题，而是将关税壁垒问题作为 1947—1962 年前五轮谈判的核心。[②] 这一时期建立的以消除对国际贸易活动的歧视性待遇的互惠、互利协定，奠定了二战之后世界贸易发展规则的基本原则。

20 世纪 70 年代以来，国际服务贸易发展迅速，规模不断扩大。服务贸易出口额从 1970 年的 710 亿美元上升为 1999 年的 13 400 亿美元。以美国为首的发达国家，其产业结构逐渐转变为以服务业为主，因此在服务贸易开始腾飞的 20 世纪 80、90 年代，发达国家希望打开其他国家的服务业市场，以服务贸易顺差来弥补日益扩大的货物贸易逆差，推动经济增长。服务业和服务贸易的重要作用引起了贸易协定谈判者的关注。因此在 1986—1993 年期间举行的关贸总协定乌拉圭回合谈判中，发达国家将服务贸易、知识产权等相关议题作为谈判的新内容，乌拉圭谈判最终达成服务贸易总协定（GATS）以及与贸易有关的知识产权协定（TRIPS）。

《服务贸易总协定》第一次为服务贸易提供了机制上的安排与保障。在市场开放原则方面，由于参与各方在服务业发展水平上存在巨大差距，各方谈判重点集中在最惠国待遇、市场准入、国民待遇、逐步自由化等主要议题。《服务贸易总协定》对服务业市场开放最终采取了正面清单的方式，并允许发展中国家通过逐步自由化，使市场准入与各国的目标政策保持平衡。在协定中的条款中，最惠国待遇、市场准入以及国民待遇等规则影响最为深远。

---

① 严思佳. 碳关税的政治经济分析［D］. 大连：东北财经大学，2010.
② 东艳. 全球贸易规则的发展趋势与中国的机遇［J］. 国际经济评论，2014，（1）：45 - 64.

表 2.1　GATS 中重要条款的定义与适用对象

条款名称	条款定义	适用对象
最惠国待遇	对协议中的任何措施,缔约方给予任何第三方的服务贸易待遇,也要给予缔约方对方国家。	服务产品 服务提供者 存在例外与豁免
市场准入	已承诺清单中的服务部门、准入条件、准入限制等为准,缔约方对缔约方对方国家开放其本国的服务市场。	服务产品 服务提供者
国民待遇	按照承诺,缔约方对方国家的商品及服务进入缔约方领土后,应获得与该国的商品或服务相同的待遇	做出承诺的具体部门

服务贸易总协定是服务业市场开放后续谈判的基础。服务贸易的发展一方面为发展中国家带来了新技术与新服务,另一方面随之而来的危机感也将促进发展中国家加快发展现代服务业。发展中国家对服务贸易自由化的态度也从抵制转变为逐步接受。必须认识到,发展中国家如果不积极参与到服务贸易国际规则的制定和谈判中来,就只能被动接受更倾向于发达国家利益的相关规则,在之后的国际竞争中将承受更大的利益损失。

2. 服务贸易市场开放原则发展的第二阶段

20 世纪 90 年代后期,国家间的服务贸易成为世界贸易的重要增长点。在服务贸易结构上,发达国家的服务贸易出口主要以资本、技术、知识密集型的产业为主,如金融、电信、保险、数据处理、保险等产业;而发展中国家的服务出口多为旅游、劳务等劳动力和资源密集型产业。服务贸易的激烈竞争不仅存在于发达国家与发展中国家之间,也存在于发达国家之间以及各个发展中国家内部。[①] 2001—2005 年期间 WTO 的多哈谈判旨在继续削减贸易壁垒,但由于参与方众多且利益不同,多边谈判难以达成有效结果。[②] 发达国家希望更大发挥本国优势,对市场准入和国民待遇的范围有更高的诉求,并要求在一些敏感产业(金融、电信)等实现全面自由化。基于此,关于服务贸易的谈判出现了新的趋势:一是旨在吸纳更多WTO 成员参与的国际服务贸易协定的谈判(TISA),希望在 WTO 框架下改善GATS,继续增强原有框架的适用性;二是基于区域贸易安排的跨太平洋伙伴关系协定(TPP)和跨大西洋贸易与投资伙伴协定(TTIP),这类尝试重构了新一代服务贸易国际规则,将在达成一致的成员国间先行尝试推行,以实现更高水平的服务贸

---

① 韩玉军. 世界服务业与服务贸易发展趋势——兼评中国服务业的开放与对策[J]. 国际贸易,2006,(10):39-45.

② 张悦. 中国在国际服务贸易规则演进中的角色变迁[J]. 贵州社会科学,2018,(2):111-116.

易自由。

从时间上看,区域性的贸易谈判早于国际服务贸易协定的谈判。在 2002 年,跨太平洋伙伴关系协定(TPP)的前身就由亚太经济合作组织成员国中的新西兰、新加坡、智利和文莱四国发起,到 2009 年美国正式宣布加入 TPP 谈判,借助 TPP 的已有协议,以自身贸易议题为核心,全方位主导 TPP 谈判。[1] 2017 年美国退出 TPP,剩余 11 国(日本、加拿大、澳大利亚、智利、新西兰、新加坡、文莱、马来西亚、越南、墨西哥和秘鲁)在 2018 年签署新的自由贸易协定,新名称为"全面且先进的 TPP"(CPTPP)。该协定于 2018 年 12 月 30 日生效。

跨大西洋贸易与投资伙伴协定 TTIP 则可以追溯到更远。欧美之间跨大西洋自由贸易的理念在 70 年代就已经产生,90 年代《跨大西洋新纲要》和《新跨大西洋市场计划》是这一理念的具体推进,但由于当时美欧双方对世界贸易组织的高度关注,双方并未就此持续推进。直到美国金融危机和欧洲债务危机之后,双方终于在 2013 年下定决心重新推动跨大西洋贸易与投资的新型伙伴关系。TTIP 的推进对于双方的意义不仅在于经济发展,更重要的是掌握在世界贸易发展中的话语权。根据 2017 年的《欧美 TTIP 进展联合报告》[2],双方谈判取得的主要成果包括:交换关税减让出价,97% 的关税将被消除,且大部分会在协定生效之日实施,或在很短的过渡期后生效;明确了减少企业不必要负担和跨境货物延迟问题的路径;就协定包括保护环境、基本劳工权利的义务达成一致,强调欧美伙伴关系需要支持更高的劳工保护和环保标准;一致同意协定包含中小企业章节,促进网上信息交流和建立欧美合作新机制;就贸易救济措施、竞争政策的程序和透明度的重要性达成一致。

国际服务贸易协定的谈判开始于 2012 年,由美国与澳大利亚等 WTO 服务业真正之友集团(RGF)展开。与 TPP 和 TTIP 这两大强调区域自由贸易的协定相比,TISA 更注重服务贸易和投资自由化。到 2016 年底,TISA 已经进行了 21 轮谈判,由于谈判内容和文本的保密,谈判进程仅能从相关报道中加以了解。目前来看,金融服务、通信服务、电子商务、国内管制、"模式 4"相关问题(mode 4,指的是自然人跨境流动的相关问题)、海陆空运输服务等是谈判的重点。

就亚太地区而言,除 11 国已经达成的"全面且先进的 TPP"(CPTPP),由东盟

---

[1] 胡志勇. 美国是"重返亚太"吗? —奥巴马政府新军事战略评析[J]. 国际展望,2012,(4):69 - 82.

[2] 欧美联合公布 TTIP 进展报告[EB/OL]. 新浪. http://finance. sina. com. cn/roll/2017-01-26/doc-ifxzytnk0108873. shtml,2017 - 01 - 26.

推进的区域全面经济伙伴关系协定(RCEP)也是区域内重要的多边自由贸易协定。2017 年以来,始自 2012 年的 RCEP 谈判进程开始全面"提速"。在 2018 年的第 6 次部长级会议中,就货物贸易、服务贸易、投资、卫生和植物卫生措施、标准技术法规和合格评定程序、电子商务、竞争政策等议题进行了深入讨论,力争在 2019 年达成最终协议。

多边自由贸易协定谈判与大国间的双边投资协定谈判一方面是对原有规则体系的解构,另一方面也带来了新兴经济体进入全球经贸治理话语权体系的变革机遇。服务贸易国际规则的发展在目前进入了十字路口,中国的应对对未来国家发展至关重要。

五、服务贸易国际规则变化与中国的应对

服务贸易正在推进的三大协定的谈判均以美国为主导,是美国推动世界服务贸易规则变革的三大举措,以确保其在下一轮国际规则重建中的中心地位,而中国、俄罗斯、印度等新兴大国都在不同程度上被排除在谈判之外。[1] TPP、TTIP、TISA 均对服务业提出了相较于服务贸易总协定(GATS)更为高规格、高标准的开放要求。例如,TISA 要求全部给予外资国民待遇,取消设立合资公司的各种要求。TTIP 强调推动削减监管分歧、减少贸易壁垒、提高透明度。此类服务贸易的新规则将在参与各国中率先施行,并逐步扩大影响,甚至可能独立于 WTO 之外,成为新的世界服务贸易主要规则。

但随着国际贸易保护主义抬头,2017 年美国特朗普政府退出 TPP。以此为代表,美国的单边主义抬头,推动新一轮贸易保护主义,提出了"双反"、"301 条款"、"337 条款"等一系列非关税措施。[2] 受此影响,加之美欧双方面临着各国国内大选、谈判议程重置等问题,TTIP 谈判目前进展缓慢。

面对单边主义的挑战,我国坚持对外开放,在亚太地区积极推进区域全面经济伙伴关系协定(RCEP)的谈判,在当前国际形势逆全球化和保护主义上升的背景下,明确支持基于规则的多边主义和自由贸易,承担起促进地区经济增长和经济全球化的大国责任。面对多变的国际局势,我国的服务业发展必须遵循对外开放的

---

① 刘旭.国际服务贸易协定(TISA)对中国经济的影响及对策建议[J].全球化,2014,(9):39-47.

② 郝洁.美国从倡导自由贸易转向贸易保护主义的内在逻辑[J].中国发展观察,2018,(10):59-61+58.

大趋势,并有必要对以上各类区域性的贸易新协议保持关注。目前,我国服务业开放的名义水平较高,在 WTO 设定的 160 多个服务贸易部门中,中国已经开放 100 多个。但从实际开放水平看,中国服务业外国直接投资主要集中在房地产业与生活服务业,技术服务领域较为迟缓。其部分原因是因为我国在外资进入形式、股份比例、业务范围、资质门槛等方面管制较多,同时国内在知识产权保护、外资服务配套政策等方面有一定滞后,但这些情况都在发生积极改变。十九大报告指出要"扩大服务业对外开放",2017 年中央经济工作会议指出要"大力发展服务贸易"。2018 年,我国陆续出台针对金融等高端服务业的开放政策,并审议通过《中华人民共和国外商投资法》,进一步完善外商投资的法律框架。未来我国将持续有序地减少市场准入限制,在制造业和生产性服务业实现深化开放,积极稳妥推进金融业开放,逐步扩大教育、文化、医疗等生活性服务业领域外资准入,并通过"一带一路"持续推进中国服务业的"走出去"。[1] 以上行动都坚定表明了我国将继续扩大对外开放,未来我国一方面要利用自身市场规模优势,积极关注、参与新的国际服务贸易规则的制定。另一方面要持续深化改革,充分发挥市场在资源配置过程中的决定作用,采取有针对性的措施,促进国内服务业加速健康发展。此外,要鼓励企业的服务出口,主动走出去,以更加主动的姿态迎接日益激烈的国际化竞争。

第二节 国际服务贸易规则演变的影响因素

一、新兴经济体的崛起,对全球经贸治理体系提出新挑战

自 2008 年世界金融危机之后,世界货物贸易持续低迷,服务贸易成为世界经济发展的新热点和重要增长来源,同时以金砖国家为代表的新兴经济体迅速崛起,全球经济贸易格局发生巨大变化。有学者认为,必须正视新兴经济体对全球贸易格局的改变,新兴经济体和发达国家争夺全球经济主导权的背后,存在着经济运行价值理念的差异与冲突,这将对国际贸易新规则的谈判与形成提出新的考验。[2]

对于以欧美为首的发达经济体,一方面一直强调其在全球贸易治理体系中的

---

① 服务业仍是重头戏[EB/OL]. 人民日报海外版. http://www.gov.cn/xinwen/2018-01/02/content_5252353.htm,2018-02-02.

② 东艳. 全球贸易规则的发展趋势与中国的机遇[J]. 国际经济评论,2014,(01):45-64.

重要角色,要求建立"开放、公平、自由"的贸易规则体系,以保障自身在贸易规则变化中的话语主导权。同时,发达经济体普遍认为新兴经济体是当前经贸规则体系的主要受益者,在获得诸多便利的同时对发达国家贸易发展构成了威胁,甚至借助区别对待的条款扰乱了贸易秩序。^① 因此,发达国家强烈热衷重新构建国际经贸规则,以确保自身优势在未来发展中的延续,并要求新兴经济体做出更多承诺,承担与实力相当的国际责任。而对于新兴经济体而言,则希望进入全球贸易治理体系,改变其在全球贸易治理体系中的角色,不再是单纯的规则接受者,而是具有一定发言权的规则制定者。长期以来新兴经济体国家的对外开放是基于其劳动力与资源的价格优势,利润的主要部分被来自发达国家的资本赚取,在全球价值链中处于十分不利的地位。而信息技术对制造业的改造和制造业服务化为新兴经济体的发展提供了新的可能,弯道超车重塑自身在价值链中的地位成为可能^②。

虽然出发点和目的不同,但发达经济体和新兴经济体均有着重塑国际贸易治理体系的诉求,而基于 WTO 框架下的国际贸易治理体系,采用"一个成员国、一个投票权"的协商一致原则,这样的多极化治理框架,调整极其缓慢,不再适应新兴经济体崛起的经济贸易格局。

二、全球价值链的深化,对传统国际贸易规则提出新要求

以货物商品为主要内容进行交易的传统贸易模式正在发生深刻变化。近年来服务业以及信息革命的发展对全球经济产生了根本性的影响,技术的变革使得产业分工跨越全球,形成了全球生产网络,伴随生产过程的分散,人员、资本、信息等要素在各国得以跨境流动,推动全球价值链的形成。全球价值链的不断深化,要求有更加复杂的国际贸易规则来规范和应对新兴的贸易模式中产生的问题。而自20世纪90年代以来WTO多边贸易框架停滞不前,加上近三年来冲击欧美的单边主义和贸易保护主义,国际经济贸易政策更难协同,表明全球价值链与多边贸易规则发展从根本上难以匹配。^③

全球价值链模式下的全球贸易,意味着新型的贸易商品的产生,以数字产品产业为例,其对于全球价值链具有颠覆性影响,而数字产品在国际贸易规则体系中的

---

① 杨广贡,杨正位. 全球经贸体系重塑的动因、趋势和对策[J]. 国际经济评论,2015,(01):121-131.
② 张悦,崔日明. 服务贸易规则演变与中国服务贸易的发展[J]. 开放经济,2017,(5):39-43.
③ 管传靖. 全球价值链扩展与多边贸易体制的改革[J]. 外交评论 2018,(06):35-75.

归类,至今存在争议,GATS中没有数字产品概念,也没有专门的数字产品贸易规则。随着信息技术在全球各个生产环节中的渗透,数字产品贸易规则的重要性日益上升,这将从根本上改变贸易规则覆盖的内容与议题。例如,从信息传播与隐私角度,数字产品贸易规则不仅影响社会经济的运行,也将对各国人民的日常生活带来深刻改变。[①]

总而言之,全球价值链的崛起,改变了世界贸易的本质,多哈谈判中,农产品补贴、关税减让等贸易问题还是各国关注的重点,这和如今的全球价值链下催生的贸易模式已经开始脱节。信息时代的服务贸易规则建设,需要各国实现国内规则的互融性,从而迎接边境内规则带来的诸多挑战,因此,新的贸易规则谈判已经势在必行。

三、全球化新问题出现,对现有规则覆盖范畴提出新需求

除了新一轮技术革命带来的诸如大数据、云计算、社交网站、跨境电子商务等新兴服务门类对现有服务贸易规则体系带来的新要求之外,知识产权、生态环保、气候变暖、人权、反腐败、劳工等多方面问题也逐渐与经济贸易相关联,成为经济贸易谈判中新的焦点问题。服务贸易谈判的覆盖范围在逐渐增多,一方面这些问题亟须被解决,另一方面此类议题也是发达国家的话语权优势所在。总体看,发达国家希望在新兴领域占据制度优势,以抢占竞争优势,这对其他参与谈判的发展中国家提出了更高要求,关于此类经贸社会发展议题的博弈也将影响新规则达成的速度。

第三节　国际服务贸易未来规则演变的趋势

一、新规则涵盖范围广,涉及标准高,服务贸易自由化趋势进一步加强

随着世界经济形势变化,服务贸易的自由化趋势日益明显,并各大国间 TTIP、BIT(双边投资协定)的谈判不断加速,以上新的服务贸易规则也成为新一代国际

---

① 沈玉良,金晓梅.数字产品、全球价值链与国际贸易规则[J].上海师范大学学报(哲学社会科学版),2017,(1):90-99.

经贸规则的"新区域主义"代表。以发达国家为代表的谈判主体,希望通过新一轮谈判,对服务贸易自由化和便利化水平提升提出更高要求。

首先,国际服务贸易规则在逐步扩大市场准入的行业范围,并提出更高要求。一些高端服务行业的市场准入被逐步解决,在 CPTPP 和 TTIP 中,都对这些行业部门的敏感性进行承认,同时逐步解决高端服务行业的市场准入,包括会计咨询、金融保险等领域。① 电子商务、数字经济等新兴领域也被新的贸易协定覆盖,同时规则中还相应地对知识产权保护、数据跨境自由流动等标准提出了更高要求,比如新规则中加入互联网知识产权保护(数字经济知识产权),并对著作权保护时间的延长、临时性侵权行为的规范做出了更高要求。② TISA 谈判中还特别强调市场准入方面对所有企业应一视同仁。③

第二,互联网及信息技术的发展推动国际服务贸易主要实现模式发生变革。在原先服务贸易协定(GATS)框架中的四种服务贸易提供方式中,占主要份额的商业存在提供模式,已经逐步被跨境提供的模式取代。跨境服务模式成为服务贸易主要提供方式,这主要得益于互联网为媒介的科学技术的进步。面对这一新的发展形势,TISA 相比 GATS,增加了新的规则内容和市场准入的承诺,对服务部门和服务提供的模式不设置预先排除,尤其提出关于模式四自然人移动的便利性措施,保证相关商务人员和技术人才将获得更便利的流动,该类措施主要应用在签证、流程管理、国外居留时间规定等方面。

第三,一般义务将以更高标准加以确认。TISA 谈判在市场准入方面采取"正面清单",在国民待遇方面采取"负面清单"模式。④ 因此在新的服务贸易规则体系中,国民待遇更为普遍,类似于"一般义务"原则。规则内的成员国除非在其国民待遇承诺中明确排除相关部门或做出保留,否则就有义务在所有服务部门给予外国服务和服务提供者普遍国民待遇。TISA 同时利用"棘轮条款"来保证自由化水平在未来只能更高,不能低于现有自由化水平。CPTPP 也力推"准入前国民待遇＋负面清单"原则:要求给予外资准入前国民待遇,以负面清单加大开放力度,除清单明确列出的经济部门外,其余部门都予以开放。

① 祝明侠. 国际经贸规则变化新趋势及我国的因应对策[J]. 烟台大学学报,2015,(6):114 - 122.

② 张萍. 服务贸易规则重构对中国的影响及应对[J]. 世界经济和贸易,2017,(6):24 - 33.

③ 张悦,李静. 国际服务贸易规则演变新趋势与我国的对策[J]. 经济纵横,2017,(5):123 - 128.

④ 杜琼,傅晓冬. 服务贸易协定(TSA)谈判的进展、趋势及我国的对策[J]. 外资经贸,2014,(11):24 - 26.

二、边境内规则成谈判焦点,呈现国际经贸由边境开放向边境内开放发展趋势

服务贸易在关境后的问题,例如营商环境、竞争公平等,受到越来越多的重视。目前,主要的谈判议题包括:竞争中立、监管一致性、知识产权、可持续发展等。[①]

首先,"竞争中立"是关于服务贸易边境后措施的核心问题,在 CPTPP 等谈判中,发达国家日益关注"竞争中立"问题,尤其是国有企业在其中的角色。竞争中立是指不受外来因素干扰的市场竞争,包括税收中立、债务中立、规则中立,其目的是保证在各类企业之间实现公平竞争,特别是在税收、信贷、采购等政策方面。[②] 同时要求国有企业保持企业股东、组织架构等信息的透明度,规范自身的市场行为。"竞争中立"是市场经济发展的必然要求,是发达国家更高标准贸易自由规则体系中的核心内容之一,是新兴经济体必须直面的问题。[③]

其次,关于监管一致性,是指国际经贸伙伴国监管体制和标准的一致性。由于各国在监管中的体制机制与标准并没有统一,导致国际贸易在实际中产生了巨大的成本,尤其是涉及与卫生、健康有关行业的商品或服务,需要经过多重审核才能进入对方的市场。因此,TTIP 谈判以此为重点内容,就各国之间减少分歧、消除壁垒做出了重大努力,以此来提升国际贸易监管的透明度。据此,各国政府应在产品测试、认证、动植物检验检疫等方面加强监管合作,削减或调整监管差异,减少贸易障碍,降低贸易成本。[④]

再次,关于知识产权规则。知识产权保护的问题是发达国家和发展中国家博弈的关键议题,知识产权保护在 TRIPS 协定签订后就纳入全球服务贸易主要议题中。但关于 TRIPS 知识产权保护标准的质疑越来越多,发达经济体尤其不满。于是在 2010 年,《反假冒协定》对知识产权保护提出了更高要求。近年来随着发达国家贸易保护主义重新盛行,知识产权保护引发的贸易纠纷也在不断增加。[⑤] 知识产权方面的规则将成为未来经贸规则谈判的重要内容。

---

① 刘志中,王曼莹.国际经贸规则演变的新趋势、影响及中国的对策[J].经济纵横,2016,(6):106 -
110.
② 张悦,崔日明.服务贸易规则演变与中国服务贸易的发展[J].开放经济,2017,(5):39 - 43.
③ 刘静.TPP"竞争中立"规则对我国国企的冲击及对策[J].宜宾学院学报,2016,16(9):68 - 71.
④ 张萍.服务贸易规则重构对中国的影响及应对[J].世界经济和贸易,2017,(6):24 - 33.
⑤ 李楠,黄卫平.知识产权保护对国际贸易的影响——一个研究综述[J].现代管理科学,2018,(01):06 -
08.

最后,关于可持续发展规则。一些发达国家认为发展中国家利用环境后发优势、较低的环境成本、较低的劳工成本等条件,对其造成了"绿色倾销""社会倾销",因此发达国家积极要求在新的贸易治理体系中纳入关于环境、劳工、气候变化、碳排放等方面的条款。发达经济体在自贸协定中不遗余力地约束可持续规则方面缔约方的国内政策,CPTPP还设立了惩罚机制。①

三、新规则将进一步强化发达经济体竞争优势,规则制定权争夺战将长期持续

2008年金融危机之后,以欧美为主的发达国家积极推动新的国际经贸治理体系,以促进其经济增长,保障本国就业。更重要的是,通过构建对发达经济体有利的治理体系,重构国际服务贸易规则,对新兴经济体影响力进行抑制,以维持发达经济体的国家经济竞争力,占领国际竞争制高点。

首先,区域性贸易谈判中,发达国家力争将其具有竞争优势的行业领域扩大市场准入,占据先发优势,引领行业的全球技术标准,而新兴经济体作为后进入者,难以逾越行业标准。②

其次,在金融、物流、电信、人员流动、知识产权保护等与全球价值链密切相关的服务业方面,美欧等发达国家长期居于优势地位,当前的新谈判已脱离WTO框架下的多边贸易规则,转而向双边贸易谈判发展,发达国家之间正在建立区域性或者跨区域的自由贸易协定来实现更高标准的自由贸易规则,并借助其在全球经济中的优势地位,进一步稳固其在未来全球性贸易规则中的谈判话语权。③

对于新兴经济体而言,新规则中设立的高标准将超越其实际经济发展水平,为避免在新一轮的国际规则重建中被边缘化,发展中国家必须积极参与国际经贸新规则的制定,为自己赢得一席之地。目前,以中国及东盟推动的区域全面经济伙伴关系协定突出体现了新兴经济体和发达经济体在国际经贸规则重构过程中的博弈。短时期内,发展中国家在议程设置能力上还难以与发达国家相抗衡,在全球经贸治理体系中,尤其是贸易规则制定领域,发展中国家相对处于弱势,缺乏积极争取自身利益的经验。必须认识到,与发展中国家而言,全球经贸体系的重新构建,

① 杨广贤,杨正位.全球经贸体系重塑的动因、趋势和对策[J].国际经济评论,2015,(01):121-131.
② 张悦,崔日明.服务贸易规则演变与中国服务贸易的发展[J].开放经济,2017,(5):39-43.
③ 陆燕.美欧谋求自贸协定对世界经贸的影响与中国应对策略[J].国际贸易,2014,(2):49-52.

尤其是服务贸易新规则的谈判,是其与发达国家的一场长期博弈。发展中国家和新兴经济体需要直面挑战,抓住机遇,加快发展经济,确保自身在全球治理变革中的话语权。

第三章

我国服务业开放历程

第一节　服务业的改革背景、原因及过程[①]

一、服务业改革背景

1978 年之前,受苏联发展模式的影响,我国的经济发展模式以重工业为主,并且施行计划经济,政府调控物资的分配,我国产业结构中的服务业发展根本受不到重视,仅仅是满足基本的需求而已。1961—1978 年 GDP 平均增长速度 5.61%,农业、工业增长速度分别为 6.51%、7.23%,而服务业平均增长速度仅有 4.08%,远远落后于其他产业和整体经济的增长。但在 1977、1978 年两年间,占 GDP 的比重已经达到 24.31%、24.60%,服务业显现出对经济增长贡献的极大作用,分别贡献率 43.80%、26.85%,服务业对经济增长的贡献开始显现。

与此同时,国家层面开始认识到知识对经济发展的重要性。此前,工人的待遇明显高于知识分子以及科技人员等服务性行业从业人员。1978 年 3 月的中共中央召开的科学大会上,认为知识分子只是因为社会分工的不同,做着不同于工人阶级的工作,但仍然是人民群众的一员,其他领域的从业人员同样如此。这种变化说明无形的知识开始受到重视,社会各界开始从单纯重视物质生产转变为对知识等无形服务的重要性有一定的认识。[②]

另外,在 1978 年 5 月 11 日,《光明日报》发表特约评论员文章《实践是检验真

---

① 夏杰长,姚战琪.中国服务业开放 40 年——渐进历程、开放度评估和经验总结[J].财经问题研究,2018,(4):3-14.

② 李勇坚,夏杰长.1978—1984 年的中国服务业改革:起源、动力与启示[J].中国经济史研究,2017,(06):148-159.

理的唯一标准》引发了全国关于真理标准问题的讨论。同年 12 月,党的十一届三中全会提出把工作重点转移到经济建设上。1978 年 12 月 13 日,邓小平同志《解放思想,实事求是,团结一致向前看》的讲话,明确提出"要允许一部分地区、一部分企业、一部分工人农民,由于辛勤努力成绩大而收入先多一些,生活先好起来","让一部分人先富起来"的思想首次提出。其后的十一届三中全会提出全面发展经济的工作重点。

全社会各方面对服务业认识的变化,使得中国服务业改革开放开始启动,为后续的服务业发展提供了基础。

二、服务业改革动机

对中国服务业的改革原因,不同的学者看法不尽相同:允许进入服务业和经济体制的放开有关,或者服务业改革的原因与就业压力有关,[1]再或者中国产业的改革基本上是沿着农业、工业、服务业的顺序演进的,[2]但整体上在 1979—1987 年间服务业的发展仍然受制于政策和文件约束。[3]

要理清服务业的改革过程,首先应从经济发展的基础说起。在新中国建立之后,由于我国是社会主义国家,经济发展模式受苏联影响,我国最初优先发展的是工业和农业,这与其他社会主义国家的发展是一样的。这种经济发展体制在国家发展经济之初,对经济发展的拉动效应是比较好的,但后期对经济发展的拉动效应就越来越弱。后工业时期,必须找到一种另外的经济发展方式,服务业则成了首选。

其次,在中国改革开放之前,计划经济以及知识分子下乡等政策使得大量劳动力转移到农村,城市的就业压力并不大。而 20 世纪 70 年代以后,知识青年开始逐步返回城市,最初返城的青年由于数量较少,政府还能妥善安排工作。但随着返城知青高峰的到来,落后的计划经济体制、政府负责分配工作的制度以及服务业的落后发展,使得工业成为吸收返城知青工作的首选。但当时工业企业也面临着人员过剩的问题,企业改革同样也把内部富余的人员挤出来。各方面的原因汇聚,使得政府层面面临巨大的就业压力,需要寻找新的产业来安排富裕的劳动力。

---

① 李勇坚,夏杰长.中国服务业改革的起源与动力[J].当代中国史研究,2018,25(01):119.
② 徐芦,赵德昆,杨书兵.第三产业:改革开放与发展的统一选择[J].改革,1993,(02):134-140.
③ 丁辉侠,董超.中国服务业投资的开放过程与政策启示[J].国际经济合作,2010,(03):33-35.

个体经济具有投资小、市场大、吸纳就业能力强的优点,使得当时经济学家和政府决策者决定发展个体经济来解决就业问题。因此,中国服务业改革更多是基于当时就业压力而进行的,而不是因其行业自身发展以及当时现有的计划经济体制而进行的。通过放松服务业管制,让市场决定服务业的发展方向,符合市场的要求发展,对原有体制进行改革探索,逐步形成一种新的经济发展之路。

然后,由于服务业不受重视,计划经济体制下,无法实现整个社会服务业的均衡发展,比如在商业和饮食服务业中,都出现了服务业机构、从业人员等严重不足。同时,特殊的经济体制下,国有企业以及公私合营等均处于垄断地位,服务业市场进入难度大,使得整个服务业服务水平、服务类型、经营不合理等问题不断出现。缺少市场经济机制的调节,整个服务业市场经营效率低下,更无法满足人民群众对服务业的需求。而在社会需要各种形式的服务时,政府层面的投资以及政府层面对服务产品的调配远远不能满足需求,激烈的供需矛盾,使得要不要发展服务业成为当时高层必须要考虑的问题。

最后,国外的经济发展经验引起了党中央以及国家领导人对现有的经济发展方式——以重工业优先发展战略是否要继续坚持下去,是否要转变现有经济发展方式的思考。转变经济发展方式,就是要对以前发展方式进行改革,将工业、农业的重视向服务业转变,更加关注人民群众的需求。

基于以上分析,国家层面开始注意到服务业严重落后于经济发展,开始允许个体经济率先发展,而服务业不像工业具有较高进入门槛,服务业门槛较低,使得个体经济发展能拉动服务业的发展改革,也能多方面满足群众的生活需求问题。服务业的改革在各方面的共同作用下进行,中国服务业在现有体制下如何进行改革、如何走是接下来要考虑的问题。

三、服务业改革过程

根据对服务业改革的过程分析,主流的观点认为其是在对个体经济的认识、对服务业的重新认识和就业压力的影响下进行的。

1. 个体经济与相关服务活动的认知

在对个体经济及相关服务活动的认知中,改革开放之前,计划经济体制经过多年的发展,市场经济是不存在的,个体经济也就不可能存在。但经过一系列改革与措施后,个体经济逐渐开始发展:商务部把采购供应站的管理权限下放给各省;允许进行集市贸易;原则上开放城市农副产品市场;允许在城市内适当的地点建立农副产品市场,纳入城市规划,逐步修建场所;办理集体所有制服务业企业安排城乡待业人员。

允许个体经营,则进一步推动了服务业的发展。在各种会议和政策文件中不断出现对个体经营的支持性描述:

个体经济能否发展壮大,关键在于对"雇工"问题的处理,如果不允许雇工,个体经济就难以发展,实现民营经济的发展。在计划经济阶段,雇工是不被允许的。国内学者通过对资本论等内容的解读,发现雇佣工人在八人以下是不能被认定为"剥削",雇工如何处理,逐渐引起政府层面的关注。比如1981年7月7日国务院《关于城镇非农业个体经济若干政策性规定》、1981年10月17日国务院《中共中央、国务院关于广开门路,搞活经济,解决城镇就业问题的若干规定》等文件中提到准许个体经济带学徒或者请帮手等内容。

表3.1　会议和政策文件中关于服务业的描述

时间	政策或会议	内容
1979年3月	全国工商行政管理局长会议	在征得有关业务主管部门的同意后,批准一些有正式户口的闲散劳动力从事修理、服务和手工业的个体劳动,但不允许雇工
1979年10月	国务院	在发展集体商业服务业的同时,还要协同有关部门,组织待业人员从事各类服务性劳动,各地可以根据当地市场需要,出台相应的政策
1980年8月	《中共中央关于转发全国劳动就业会议文件的通知》	确认"劳动部门介绍就业、自愿组织起来就业和自谋职业相结合的方针",明确提出"鼓励和扶植城镇个体经济的发展"
1980年10月	《广开就业门路,搞活经济,解决城镇就业问题的若干决定》	对个体经济提出"引导、鼓励、促进、扶持"的八字方针
1981年6月	《中共中央关于建国以来党的若干历史问题的决议》	一定范围内的劳动者个体经济是公有制经济的必要补充
1981年7月	《关于城镇非农业个体经济若干政策性规定》	从事个体经营的公民,是自食其力的独立劳动者,个体经济是国有经济和集体经济的必要补充

个体私营经济从事商业活动并非一帆风顺。1981年1月7日《关于加强市场管理打击投机倒把和走私活动的指示》对部分个体经营活动定义为投机倒把。但国家领导人和中央政治局等高层都提出了不同看法,提出"看一看、等一等"方针,对个体私营经济给予一定的支持。其后,对于个体私营经济的发展展开过多次讨

论,最终随着时间的推移,逐渐形成了默认个体私营经济发展的主旋律,比如 1983 年中央 1 号文件《当前农村经济政策的若干问题》、1983 年国务院《关于个体工商业户管理费收支的暂行规定》、国家工商行政管理局《关于城镇合作经营组织和个体工商业户登记管理中若干问题的规定》、1984 年中央 1 号文件《关于 1984 年农村工作的通知》等文件。

2. 迫于就业压力发展服务业

新中国成立后,整个国家在学习苏联,把工业农业作为主要产业,重视实物生产,同时施行计划经济,使得对人民生活中无形服务的服务业忽视。而随着知青回城,原有的就业压力使得个体经济以及私营经济在解决就业上的作用显现出来。大力发展服务业,便能解决城市的就业问题,这使得人们对服务业又有了新的认知。同时,中央领导人以及相关部门等对经济结构中服务业不能满足经济发展有了的新认知,使得服务业发展提上了必须要面临的日程上。邓小平、陈云、胡耀邦、赵紫阳等多个国家领导人多次强调服务业的问题,中央领导的重视对服务业的发展起到了重要的推动作用。在多份的政府文件中,都逐渐出现了"第三产业""服务业"等字样,比如 1981 年 3 月的《中共中央、国务院转发国家农委关于积极发展农村多种经营的报告的通知》、1981 年 6 月国家劳动总局组织召开的全国劳动服务公司工作座谈会、1983 年 3 月 5 日《中共中央、国务院关于发展城乡零售商业、服务业的指示》、1985 年 9 月 23 日《中共中央关于制定国民经济和社会发展第七个五年计划的建议》等。另外,各省市区政府也出台了相应的文件。这些文件的发布,对服务业作为国民经济的一个重要部门有了清晰的界定,也为各种类型的服务业发展提供了政策支持。

经过一系列服务业的改革,服务业在各方面取得了不错的效果:个体经济发展促进了服务业的发展,吸纳了大量知识青年就业;个体工商户的快速增加,促进了国民经济的增长;服务业的固定资产投资快速增加,个体工商户以及服务业的发展提供了大量的服务产品,满足了群众的服务需求,群众生活便利程度得到提升;服务业对经济发展形成了有力支持。

第二节　服务业开放历程与政策

服务业经历了由小到大、从弱到强的过程,对经济发展的作用也越来越重要,同时也推动了中国在国际社会中地位的提升。纵观中国服务业的改革开放历程,渐进式和逐步有序开放是其主要的特点。从不允许、政策默许到政策文件提出,再到大力支持,一步一步形成自己的改革发展道路,从试点到逐步扩大,再到全面开放,逐步有序地走上了对外开放道路。

从中国服务业开放的发展历程看,依时间发展可以分为初始发展、迅速发展、全面开放过渡和全面开放四个阶段。

第一阶段:初始阶段(1978—1992年)。1978年,中国从政策上允许部分地区试行对外开放。此时,服务业仍然较弱小,发展水平不足,对外开放也仅仅是通过沿海地区的深圳、珠海、汕头和厦门。对于这些地区,允许在加工贸易方面给予一定的特权进行货物进出口贸易。1979年《中华人民共和国中外合资经营企业法》、1986年《外资企业法》和1988年《中外合作经营企业法》等法律文件准许外国投资商在中国经营合法的商务活动,实现了对外开放的落实。另外,中国政府为了整个经济对外开放进行了多次努力:1986年正式提出复关的申请、1989年中美第五轮双边磋商以及美欧对中国复关谈判等,无不显示出对外开放的决心。1987年颁发《指导吸收外商投资方向暂行规定》为外商投资项目和领域给予了明确规定。1989年中国国内施行了一系列经济整顿和行政管理措施引起了欧美国家的不满,对中国采取了经济制裁,复关谈判陷入停顿。服务业的对外开放暂时停滞下来,但此段时间的重视服务业发展、改革和对外开放,无疑是很大的进步,为下一步入世实质性谈判等做好了铺垫。

第二阶段:迅速发展阶段(1992—2001年)。从1992年10月到2001年9月,中国一直为了入世进行着努力和准备,就双边市场准入和法律法规文件等内容进行了多次谈判。随着时间的推进,服务业对外开放也同时进行,无论是开放政策还是实际允许行业进入都从较多限制转向鼓励开放。虽然外资进入多为制造业,但服务业吸收外商投资额也在增加。服务业开放发展迅猛与国家层面的政策导向分不开,比如党的十四大、十五大就多次提及社会主义经济体制和服务业的对外开放。另外,还有2000年9月《外资电信管理规定》等。虽然入世过程中经历过多重坎坷,但经过对入世文件的法律文书以及减让表的准备、递交服务业自由化初步承诺开价单和承诺等程序,最终在2001年中国正式入世。中国在加入世界贸易组织后,遵守《服务贸易总协定》的规定,对谈判结果中的具体承诺表、加入世贸组织后五年开放服务业市场以及放开外资准入和外资国民待遇等约定予以遵守,最终使得中国服务业对外开放初步达成,实现了服务业引进来与走出去的同步进行。

第三阶段:全面开放过渡阶段(2002—2006年)。根据加入世界贸易组织的承诺,此阶段是中国服务业全面开放的过渡期。在此期间,逐步放开服务业垄断和壁垒,开放服务业市场,广度和深度每年都在加强。无论是开放度较高的零售业等领域还是开放程度较低的通讯、会展、旅游等领域,外资企业已多数进入,入世时的承诺均已兑现。外资进入服务业的投资额明显上升,服务业自身的发展也进入了一个快速发展的时代。2004 年 11 月国家发展和改革委员会、商务部发布《外商投资产业指导目录(2004 年修订)》,更是为外商投资提供了指引。另外,外商直接投资在服务业领域的增长速度也以双位数的速度增长,服务业吸引外资总额也从最初的 23.85% 上升到 31.06%。外资在服务业的投资活动和技术效应,拉动了国内服务业的发展,优化了国内的服务结构,实现了国内服务业高质量发展,服务产品出口额的增加。但在此阶段,外商投资更多聚集于利润高、营利快的传统服务业。

表 3.2　服务业发展政策文件支持及主要内容

时间	部门	政策文件	主要内容
2007 年 3 月	国务院	《关于加快发展服务业的若干意见》	提出进一步扩大开放的战略任务和要求
2007 年 10 月	发改委、商务部	《外商投资产业指导目录(2007 年修订)》	对外商投资产业进行修订,加大开放力度
2010 年 7 月	财政部、税务局、商务部	《关于示范城市离岸服务外包业务免征营业税的通知》	促进服务外包更多优惠政策
2011 年 12 月	发改委、商务部	《外商投资产业指导目录(2011 年修订)》	增加鼓励类项目,减少限制类和禁止类条目,对部分项目进行了限制。
2012 年 12 月	国务院	《国务院关于印发服务业发展"十二五"规划的通知》	2011—2015 年服务业发展指导性文件
2013 年 11 月	十八届三中全会	《中共中央关于全面深化改革若干重大问题的决定》	推进金融、教育、文化医疗等逐步开放,放开育幼养老、建筑设计、会计设计、商贸物流、电子商务等准则限制。
2014 年 5 月	APEC 贸易部长会议	《APEC 推动实现亚太自贸区路线图》	亚太自贸区建设,扩大和深化我国与亚太国家和地区的服务业双向开放
2014 年 8 月	国务院	《关于加快发展生产性服务业促进产业结构调整升级的指导意见》	重点发展融资租赁等 11 项生产性服务业
2015 年 1 月	国务院	《国务院关于促进服务外包产业加快发展的意见》	"促进服务外包升级,提升服务跨境交付能力"

（续表）

时间	部门	政策文件	主要内容
2015 年 3 月	发改委、商务部	《外商投资产业指导目录（2015 年修订）》	放宽外国投资在房地产投资限制
2015 年 5 月	国务院	《国务院关于北京市服务业扩大开放综合试点总体方案的批复》	服务业更宽领域、更深层次扩大开放，增强开放发展、创新发展动能，提升服务供给的质量和效益，进一步深化放管服改革
2015 年 12 月	商务部	《对外投资合作国别（地区）指南（2015 版）》	为中国企业走出去提供了公共服务平台
2016 年 10 月	发改委、商务部	《外商投资产业指导目录（2016 年修订）》	限制数量减少一半，放宽外资股比限制
2017 年 6 月	发改委、商务部	《外商投资产业指导目录（2017 年修订）》	积极主动扩大开放、提出外商投资准入负面清单、删除内外资一致的限制性措施
2017 年 6 月	国务院	《深化改革推进北京市服务业扩大开放综合试点工作方案》	进一步深化改革，推进北京市服务业扩大开放综合试点工作，进一步扩大服务业重点领域对外开放，持续放宽服务业重点领域市场准入限制
2017 年 8 月	商务部	《国务院关于促进外资增长若干措施的通知》	进一步减少外资准入限制，并在 12 个领域进一步放宽外资准入
2018 年 6 月	发改委、商务部	《外商投资产业指导目录（2018 年修订）》	大幅放宽外商投资市场准入，负面清单由 63 条减至 48 条。在汽车、通用航空、银行、证券、保险、期货等 22 个领域推出一系列重大开放措施

第四阶段：全面开放阶段（2007 年至今）。在此期间，经过五年的过渡期，开放领域的增多，服务业开放质量也随之提高，服务业在经济中的地位从次要地位上升到主要地位。中国政府也在服务业开放过程中提供了一系列政策支持。

十九大以来，习近平总书记更是在多个场合强调改革开放的重要性。习总书记的对外开放思想，也为未来中国服务业开放指明了发展方向。"一带一路"、"自由贸易区"等互利共赢的共同发展理念获得了世界各国的支持，通过建设了多个自由贸易实验区，实现商品自由贸易，免除关税等措施来加大对外开放，同时通过自由贸易试验区实验总结经验，为更大的对外开放积累经验（见表 3.3）。

表 3.3　中国自由贸易实验区

时间	自贸区名称
2013 年 09 月 27 日	中国(上海)自由贸易试验区
2015 年 04 月 20 日	中国(广东)自由贸易试验区、中国(天津)自由贸易试验区、中国(福建)自由贸易试验区
2017 年 03 月 31 日	中国(辽宁)自由贸易试验区、中国(浙江)自由贸易试验区、中国(河南)自由贸易试验区、中国(湖北)自由贸易试验区、中国(重庆)自由贸易试验区、中国(四川)自由贸易试验区、中国(陕西)自由贸易试验区
2018 年 04 月 13 日	中国(海南)自由贸易试验区

2019 年 3 月 8 日,第十三届全国人大二次会议审议通过《中华人民共和国外商投资法》,为新形势下中国服务业的开放提供了指引,为继续扩大对外开放提供了法律保障。

第三节　服务业开放经验

中国服务业开放的过程,基本上遵循渐进开放,由易到难,坚持以开放促发展、推改革,吸引外资与对外投资并行的原则。

一、坚持遵循渐进开放、由易到难的原则

改革开放之前,中国计划经济体制使得服务业仅仅是为了满足群众的基本需求而存在的,此种情况下很难发展,严重落后于第一产业和第二产业的发展。随着计划经济体制在服务业发展上的限制,使得服务业存在的各种矛盾逐渐显现,另外就业压力的存在使得服务业开始快速发展,逐渐开放发展。改革开放后,服务业才从计划经济的限制中脱离出来,逐渐壮大,但与国外相比,仍存在巨大的差距,在国际竞争中处于劣势地位,因此在服务业开放的过程中不得已采取循序渐进、从易到难的发展方式。另外,服务业开放是一个系统工程,需要考虑的问题很多,不仅考虑国外对国内服务业的影响,而且国内民众心理承受能力、国家安全方面等都需要考虑。服务业如果全面开放,对发展中国家服务业体系的竞争会使得国内服务业很难发展起来,如果没有循序渐进、由易到难的开放,对国家的各方面都会产生不好的影响。

二、开放带动发展与改革

只有开放,经济才能发展。明清的闭关锁国使得中国在世界中的地位严重落后于欧美国家,而通过改革开放,中国又重新站在世界的前列。不难发现,服务业的对外开放带动了我国服务业的发展,促进服务业的改革发展。在服务业改革开放的40年中,服务业从弱小到强大,从局部开放到形成全面开放,服务业自身取得了优异成绩。对外开放带来的境外资本、高端的服务业人才、各类服务要素的进入以及先进管理经验,均对中国的经济发展各方面有着积极的影响。在发达国家中,服务业规模占到其经济总量的2/3,而我国目前服务业占经济总量仍然较低,仍需要继续发展壮大。在目前经济全球化下,服务业也必将走向全球化。在此背景下扩大服务业开放,我国服务业应该继续以开放为契机,全面发展和改革,为经济发展服务。

三、外商投资与对外投资协调发展

对外开放,既要引进来,同时也要走出去,实现引进来与走出去协调统一。改革开放到现在,服务业更多偏重于引进来,因为中国服务业在各方面都是薄弱的,虽然此后,中国服务业取得了巨大的成就,但服务业走出去仍然相对较弱,与其他国家在服务业上竞争优势还不明显,不足以走出去,另外国内的政策法规与国外存在较大差异,在国际市场上发展经验不足,很难走出去。而近几年,"一带一路"战略的施行,越来越多的服务业也开始转向国际市场,参与国际竞争,分享国际服务业市场。服务业要走出去,既要提升自身的竞争力与国际市场的适应能力,同时也要利用国家支持政策,学习服务业发展的先进经验,提升参与国际市场竞争力。

第四节   中国当前服务业开放难题以及国际经验借鉴

一、中国当前服务业对外开放难题

1. 我国服务业和服务贸易发展水平与经济规模不相匹配

受我国经济发展阶段、思想认识和理论指导的偏颇以及计划经济体制等因素的制约,长期以来我国服务业和服务贸易的发展一直受到抑制,发展极其缓慢,其在整体经济中的地位也一直被忽视。20 世纪 80 年代中期以来,我国政府重视服务业的发展。1985 年,三大产业概念正式纳入国民经济统计。1992 年,中国共产党中央、国务院作出了加快发展第三产业的决定,明确了加快发展第三产业的目标和优先事项,提出了发展第三产业的主要政策措施。尤其特别指出,要以服务生产和生活的产业发展为重点,使我国服务业快速发展,初步摆脱了严重的落后局面。但该阶段仍存在许多问题,主要表现在:

从市场层面看,服务业市场需求不足和服务业要素供给不足并存。一方面,服务业市场需求不足。国内对现代服务业的需求尚未充分释放,特别是政府部门和大型国有企业对服务外包的认识不足。许多服务需求是通过内部部门或子公司提供的。另一方面,高端人才等服务业核心要素供给不足。第一,高端人才相对缺乏。虽然我国每年都有很多毕业生,但目前的教育体制落后于经济社会发展的需要,服务业所需的专业人才难以培养,造成了一定的高端人才缺口。例如,外资证券公司反映,随着证券业的快速发展,管理人员的短缺越来越严重,特别是管理人员、基金经理和专业人员的供给明显不足。第二,企业间人才流动不合理,缺乏合理的流动机制。合理的人才流动可以给经济发展带来活力,但目前专业人才相对不足。一些从业人员只考虑眼前的"利益",经常换工作,导致外资企业难以适应,人力资源培训投资动机明显降低。

从政府层面看,政策体系不科学,政府服务不到位。首先,政策内容不完整,不一致;文件篇幅过长,但实际重点问题又泛泛而论;有些政策缺乏整合,政策目标不明确;有些行政审批环节相互联系但又相互制约,让服务对象无所适从。二是操作性差,难以实施。有些政策只提出"鼓励"、"支持"等方向性政策,既有宏观的,也有一般性的。政策执行主体和责任不明确,政策执行程序不明确,没有切入点和具体把握。就政府服务而言,首先,审批程序仍然复杂,周期太长;其次政府信息不完整、不公开;三是一些服务的价格被过度管制;四是市场监管仍然存在漏洞。例如,在著名旅游公司的旗帜下,还有大量的黑导游、黑轿车、组织"一日游"等违法行为。五是政企不分问题仍然很突出。管理体制滞后,结构不合理,行业代表性不强,内部机制不完善。许多行业协会仍然是政府的追随者、附和者,不能反映企业的需求。六是某些类型企业的主体之间存在一定的不平等竞争。例如,与文化服务企业一样,国有企业可以享受大量的税收优惠,而外商投资企业和私营企业则不在其中。

2. 我国服务业对内自由化程度仍然不高

我国国内服务业自由化水平相对较低。20 世纪 80 年代,绝大多数服务业处于开放的探索阶段,直到 90 年代才开始有一定的发展。由于服务业在国民经济中的地位和作用还没有得到重视,没有统一的归口管理部门来促进国民服务业的发展。在第三产业的管理和政策上,地方、部门和行业实施的政策不同,仅限于各自管辖的服务业。同时,行业和地方保护主义严重,普遍制约服务业的发展,导致许多重要服务业长期垄断。例如,中国对金融、电信和其他服务业的长期垄断仍然需要改善。

3. 我国服务业对外自由化程度也较低

我国服务业开放程度较低,远远落后于制造业的开放进程。20 世纪 80 年代,大部分服务业处于对外开放的探索阶段。直到 20 世纪 90 年代,它们才开始在一定程度上发展起来。一些部门,如电信,直到加入世贸组织后才逐步对外开放。

直到 20 世纪 90 年代以来,许多服务业开始开放,如分销、航运、专业服务等。中国服务业的开放部门最初是餐饮业和房地产业,后来扩展到交通、能源、金融、保险、分销、民航、专业和商业服务业。随着改革开放的深入,经济全球化的快速发展,中国对外开放的广度和深度不断提高。但到目前为止,中国服务业各领域的对外开放程度仍不尽相同。与大多数国家相比,中国的服务贸易的自由化程度仍然相对较低。

改革开放后,在制造业领域中国吸引了全球大量的投资。但对大部分服务业的外资进入国内常常持谨慎态度,基本上采取合资经营和合作经营方式。在某些敏感部门,外商直接投资基本被禁止,有些领域甚至不允许进行对外投资。这些措施都影响了中国服务业的开放程度,使得中国服务业的自由化程度、国际化程度还不够。

4. 国际服务业开放标准不断提高,需要适应国际经贸新规则

21 世纪以来,国与国之间普适性的经贸规则谈判进展缓慢甚至趋于停滞,区域间经济合作主要以自由贸易协定为代表的经贸谈判逐步成为重塑国际经贸规则的重要平台和主要途径。在关于自贸区的谈判中,一般都要求 90% 以上的双边贸易税目数和贸易额的产品最终实现零关税,在与发达国家参与的自贸区谈判中,这样的比例更大。例如 TPP、TTIP、CETA 等高水平协定,要求双方货物的免税比例达到 95% 以上,工业制成品百分百完全免税。从涵盖领域上看,进入 21 世纪以来,国际经贸规则逐步开始由传统的"边境议题"向"边境后议题"延伸,关注点也从"货物贸易"转变为更加全面的"货物贸易、服务贸易、国际投资"。

这种由发达国家主导的自由贸易协定要求各成员国扩大服务的市场准入程度,提高各成员国服务贸易政策的透明度。同时,在自由贸易协定文本中增加了金

融服务、电子商务等服务的特殊条款。在双边和多边贸易协定谈判中,以美国为代表的发达国家率先推出了《数字贸易规则》,大力推动制定国际数字贸易规则。

从各国已签署或正在谈判的区域和双边自由贸易协定来看,服务贸易已成为各国政要高度关注的领域,服务业要求开放的水平不断提高。从规则和标准的角度来看,传统贸易和投资的高度开放以及规则和问题的高标准要求已成为发展趋势。以 CPTPP、TTIP 和 TISA 为代表的国际经济贸易新规则将其内容扩展到知识产权、竞争、投资、环境保护、消费者保护、技术和科学研究等领域。因此,面对国际经济贸易的高标准、多领域,国际经济贸易合作范围的日益扩大,中国需要继续深化国内的市场经济改革,继续扩大对外开放,积极参与国际经济贸易规则的修订调整,不断提高完善规则体系的话语权。要积极吸收与贸易和投资有关的合理内容,根据国际贸易发展的趋势,推进服务贸易自由化和便利化,努力按照国际高标准规则提出符合中国发展利益的新问题和新规则,体现中国在自由贸易谈判中的地位和利益。

二、服务业对外开放的国际经验与借鉴

自十八届三中全会以来,我国政府提出构建开放型经济新体制,要求加快推进金融、教育、文化、医疗等服务业领域对外的有序开放,逐步对外放开家政服务业、规划设计、会计审计、商贸流通、电子商务等服务业领域对外资的各种准入限制。加大服务业对外开放逐步成为我国构建开放共享型经济、社会新体制的重要举措。

但是,与发达国家相比,我国服务业的国际竞争力仍然很低,我们需要借鉴其他国家服务业发展及其服务业对外开放的经验教训。其中,英国、美国等发达国家是全球服务业和服务贸易较为发达的地区,是经济开放度和自由度最高、市场经济相对完善的国家。因此,了解美国服务市场开放程度及其相关的限制措施和考虑,可以为我国进一步开放服务市场,推动我国服务业对外开放提供参考。

1. 美国的做法

从各国服务业对外开放政策的历史变迁来看,其服务业市场的对外开放基本都经历了从限制到开放的过程。伴随着全球化进程的加快和国家贸易的快速发展,特别是 WTO 框架的不断完善,各国之间相互开放服务业市场。在此背景下,美国服务业对外开放的广度和深度取得了长足的发展。近年来,美国吸引外国直接投资常年居于世界首位。根据《2018 年世界投资报告》,美国 2017 年吸引外资2 750 亿美元,对外投资 3 420 亿美元,居全球首位。

从行业的角度看,近年来美国服务业利用外资的比重常年保持在 50% 以上 (不含其他产业)。为了鼓励和支持外国投资者赴美投资,美国政府及部门出台各种鼓励措施。例如奥巴马政府发起了"选择美国"的倡议,成立了由美国商务部牵头领导负责的"联邦部际投资工作小组",同时增设"选择美国"对外联络办公室,负责对外招商引资,进行政策宣传。

统计资料显示,2011 年,我国赴美投资的企业数量达到 1 700 余家,对美国市场当年的直接投资达到了 18 亿美元以上,累计投资接近 100 亿美元。其中赴美投资中,服务业占比较大,占到了当年赴美投资额的 45%。同时,覆盖的领域也较广,基本涵盖了传统的大部分服务业,比如金融保险业、批发零售业、流通商务、仓储邮政等。

美国在保持美国服务业在国际服务贸易中长期处于绝对优势地位的典型做法主要有:

(1) 建立了完善的服务贸易政策体系。美国服务业对外开放的制度框架主要体现为美国单边、双边、区域和多边服务贸易政策体系,具体如表 3.4 所示。

表 3.4　美国服务贸易政策体系

序号	有关法案	服务贸易政策类型	备注
1	《外贸法》(1974)	单边自主政策	
2	《贸易与关税法》(1984)	单边自主政策	
3	《综合贸易与竞争法》(1988)	单边自主政策	
4	《The United States of American, Initial Offer》	单边自主政策	签订服务业方面草案
5	与以色列、约旦、新加坡、智利、中美洲五国和多米尼加、加拿大和墨西哥、摩洛哥、澳大利亚、阿曼等国家	双边贸易政策	签订双边自由贸易协定
6	服务贸易和知识产权进入 WTO 谈判内容	多边贸易政策	
7	签署《服务贸易总协定》	多边贸易政策	

(2) 制定了具体的服务业对外开放限制方案与措施。尽管美国的国际贸易政策与环境相对自由,但美国对外国投资也有一定的限制。例如,出于国家经济安全或产业安全等的考虑,对外国投资者投资在大数据、人工智能、计算机信息、通信技术等重点领域、关键行业会设置限制条件,例如规定必须由本国公民、企业或组织对所有企业具有实际控制权。除了这些,所提出的限制性方案或措施见表 3.5。

表 3.5 美国服务贸易限制方案或措施

序号	有关法案	限制或要求
1	《公共土地法》《采矿许可法》	要求投资者本国政府向美国投资者提供对等权利
2	《国际投资调查法》《改善国内外投资申报法》	要求外国投资者有义务主动向政府主管机关申报其经济活动
3	《托拉斯法》《证券法》《环境保护法》《劳工法》	对外国投资者进行实际性约束
4	《外商投资与国家安全法案》	对外资进入美国某些敏感行业进行全面的限制(国防、银行、关键技术、基础设施) 对影响美国企业国际竞争力的并购进行限制

从总体上看,美国政府虽然信奉自由开放,但在实际运行中出于国家安全的考虑,或出于保持产业竞争力和保证国内就业的考虑,或受地方政治、文化、社会等实际情况制约,对世界上其他国家资本进入美国市场乃至服务行业设置了许多门槛或约束性条件,从而形成了"形式基本开放,实际按需限制"的总体情况。从具体行业看,美国服务业对外开放的具体限制措施见表 3.6。

表 3.6 美国各行业限制方案或措施

序号	限制内容	具体要求	所属行业
1	市场网络和业务范围限制	阿拉巴马、堪萨斯、马里兰、北达科他州仍然;亚利桑那、阿肯色、科罗拉多、堪萨斯、肯塔基(不允许设立分行或代表处)	银行业
2	银行网点申请手续烦琐	美国全境	
3	董事会美国公民占比的硬性规定	路易斯安娜:100%;华盛顿≥75%;俄克拉荷马州和宾夕法尼亚≥2/3	保险业
4	保险经纪人许可权	仅限本州居民或对业务范围进行限制	
5	业务范围限制	阿拉巴马限制非居民经营人寿、健康等险种;阿肯色州非居民仅能从事财产险、意外伤害险、海险等	
6	《美国大陆架法》《1920年商船法》	限制外国船只从事近海和美国国内运输业务	运输业
7	船公司股份限制	经营美国沿海和内河航运的船公司,外国股份占比≤25%	
8	航空公司股份限制	外国所有股份≤25%,董事会主席和2/3以上股东和管理者必须是美国人	
9	《美国飞行法案》	政府提供经费需由美国航空公司来承运	

（续表）

序号	限制内容	具体要求	所属行业
10	持股比例限制	基础电信服务外方股权占比≤20％	通讯服务业
11	业务范围限制	广播、电视业务	
12	许可证发放、注册限制	法律、咨询、会计、审计、建筑、工程服务、咨询	专业服务业

2. 印度的做法

经济的对外开放给印度服务业带来快速变化，使印度从农业型经济过渡到知识型经济。知识的创造、传播和使用有力地促进了经济增长和发展，服务业的表现尤其引人注目。服务业涵盖的范围很广泛，在印度成为社会和经济发展的骨干力量，是经济中增长最快最有活力的部门，服务业已经占到印度 GDP 的一半以上。尤其是，信息技术和信息技术服务（ITES）产业已经成为印度经济的支柱之一，成为该国服务贸易发展的突出亮点，大量的印度软件公司获得了国际质量体系认证。这其中离不开印度信息技术部出台的一些政策给信息技术基础设施、电子政务以及信息技术教育等关键问题进行的扶持，具体如表 3.7 所示。

表 3.7　印度各行业所出台政策或措施

序号	主要内容	具体要求	所属行业
1	成立国家信息技术和软件开发工作队	向政府提交核心报告	信息业
2	颁布《信息技术法》	确立法律框架	
3	建立社区信息中心（CIC）	提供远程教育、信息传播	
4	制定国家电子政务计划（NEGP）	公共服务普及化	
5	建设国家广域网络（SWAN）	宽带网建设	
6	建立居民核心数据库	全覆盖、推广福利计划	
7	启动电子县项目	提高地方行政效率	
8	国家旅游政策（2002）	侧重于基础设施、制度环境、法律环境建设	旅游业
9	产品、基建发展、目的地线路计划		
10	旅游线路综合开发计划		
11	大型创收（LRG）项目的援助计划		
12	服务提供商能力建设计划		

（续表）

序号	主要内容	具体要求	所属行业
13	乡村旅游计划		
14	地方组织旅游活动的财政援助计划		
15	中央财政援助信息技术项目计划		
16	市场开发援助计划		
17	资金补贴方案		
18	分时共享度假村方案		
19	市场研究与专业服务计划		
20	国家旅游奖		
21	颁布电视频道下载政策指南	规范印度境内的卫星电视频道下载、接收、传输	
22	拓展广播服务政策	允许私营机构扩大调频广播网络	影视传播业
23	进口影片许可	需得到新闻广播部的书面许可	
24	制定广播事务法规条例草案	对从业者及传播内容的管理	

3. 国外服务业开放限制对我国的启示

伴随着我国经济体量的不断增加,我国的对外开放程度也在不断提高。目前,服务业的对外开放日益成为国内外投资的热点。但我国服务业对外开放中隐藏了产业安全问题,我国服务业企业总体规模小、管理水平低、竞争力弱,面对跨国公司的激烈竞争,压力巨大。例如,在零售业领域,大型超市为主要业态的外资零售企业在我国市场已占据了绝对优势地位。

因此,在我国进一步深化改革开放、进一步扩大服务业对外开放深度和广度的同时,要汲取其他的经验、做法,重视我国自身的服务业产业安全问题,在敏感行业、关系国计民生的行业,要对外资准入和并购加以适当限制。具体来说,主要表现为:

一是加强服务业产业安全问题的研究,明确哪些行业涉及国家安全问题,应该予以限制,尽快制定服务业准入负面清单,形成顶层设计;

二是要加快外资准入制度建设,加快形成以探索推进准入前国民待遇和负面清单管理模式,完善外资准入投资的相关立法。如美国为适应经济形势变化,动态地对本国的外资立法进行修订,取消不适应经济现状的审批流程,推出"一站式"服务,为企业提供极大便利。可以借鉴美国将部分行业的具体限制下放的做法,允许我国各省、市、自治区结合本地实际,采取立法形式对外资准入设置差异化条件;

三是借鉴国际成熟的外资准入限制措施,加快我国外资准入限制的审查制度和并购监管措施建设,形成适应我国实际的限制措施;

四是尽快制定科学合理的产业安全预警体系,对外资已进入的行业实行动态化的事后安全预警监控。特别是结合《反垄断法》《反不正当竞争法》等法律,加强对行业企业的监督管理。

五是利用人工智能、大数据及区块链等技术,提高现代服务业科技含量,提升我国服务业国际竞争力。服务业要"苦练内功",不断提高管理水平、增强创新能力。只有这样,才能不断做大做强,提升本土企业应对国际竞争和风险挑战的能力。

第四章

我国服务业开放成效

第一节　我国服务业开放度研究

从全国层面和行业层面对我国服务业对外开放程度进行测度。

一、我国服务贸易开放度测算

对一个国家服务业对外开放程度的度量,通常用服务贸易依存度来表示,以服务业进出口总额与国民生产总值的比值来衡量,其值越大,服务业对外开放程度越高。服务贸易依存度又称服务贸易系数。度量服务业对外开放程度的指标还有服务出口依存度、服务进口依存度、服务贸易竞争力,具体计算公式如下:

$$服务贸易依存度 = \frac{服务贸易进出口总额}{国内生产总值} \qquad (式 4-1)$$

$$服务贸易竞争力指数 = \frac{服务贸易出口额 - 服务贸易进口额}{国内生产总值} \qquad (式 4-2)$$

$$服务贸易出口依存度 = \frac{服务贸易出口额}{国内生产总值} \qquad (式 4-3)$$

$$服务贸易进口依存度 = \frac{服务贸易进口额}{国内生产总值} \qquad (式 4-4)$$

基于上述公式,我国服务贸易依存度、服务贸易竞争力指数、服务贸易进、出口依存度测度结果如表 4.1、图 4.1。

表 4.1 测度结果显示我国服务贸易出口和进口额均随着时间在增加,但服务

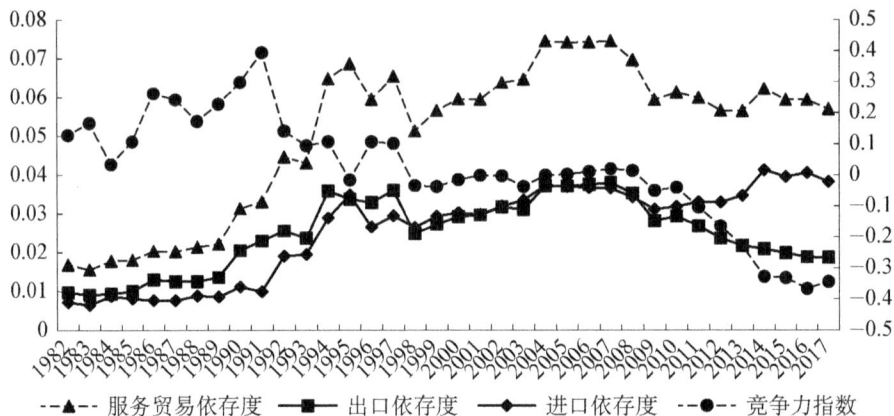

图 4.1　我国服务贸易开放情况

贸易差额一直在增大,服务贸易竞争力指数也一直在增大,服务贸易开放度整体略
有下降,服务贸易出口依存度在下降,而服务贸易进口依存度在上升。综合以上分
析,我国在国际上服务贸易竞争力还较弱,服务贸易中进口贸易对国外依赖性在
增强。

二、服务业各行业对外开放程度

服务业各行业对外开放程度的测算结果①,如表 4.2、表 4.3 所示。

通过表 4.2 计算结果,可以发现:在总体对外开放度方面,未加权时,分销、旅
游、商务、通信、金融、运输、环境、教育等行业开放度依次降低,而在加权后依然是
分销、商务、旅游、通信等行业开放度较高,但旅游业加权后开放度降低较快,加权
后的开放度和完全履行承诺后的开放度保持一致。无论是未加权、加权还是完全
履行承诺方面,分销行业在市场准入和国民待遇方面开放度都是最高的行业,其次
是商务和通信等,开放度最低的是教育、建筑和环境等行业,但服务业的开放度方
面存在低估,中国入世后,关于建筑业在各方面都已经是无限制的状态,实际自由
度较高。

我国在市场准入和国民待遇方面,整体上开放度仍然不高,随着完全承诺的执
行,服务业各行业对外开放度也将随之提高。另外,国民待遇方面要比市场准入方
面的开放度要高。从世界发展看,多数发展中国家在市场准入方面争取权利而在

---

① 姚战琪. 入世以来中国服务业开放度测算[J]. 经济纵横,2015,(06):20 - 26.

表 4.1 中国服务贸易竞争力指数(单位:亿美元、%)

	2005	2006	2007	2008	2009	2010	2011	2012	2013	2014	2015	2016	2017
出口	785	941	1 254	1 453	1 226	1 783	2 010	2 016	2 070	2 191	2 186	2 095	2 281
进口	840	1 008	1 291	1 564	1 460	1 934	2 478	2 813	3 306	4 329	4 355	4 521	4 676
进出口总额	1 624	1 949	2 546	3 017	2 685	3 717	4 489	4 829	5 376	6 520	6 542	6 616	6 957
GDP	23 088	27 743	35 715	46 043	51 217	60 664	75 221	85 703	96 350	105 345	112 262	112 183	120 157
进出口差额	−55	−68	−37	−111	−234	−151	−468	−797	−1 236	−2 137	−2 169	−2 426	−2 395
服务贸易竞争力指数	−3.39	−3.47	−1.45	−3.66	−8.72	−4.05	−10.43	−16.51	−22.99	−32.78	−33.16	−36.66	−34.43
服务业贸易开放度	7.04	7.03	7.13	6.55	5.24	6.13	5.97	5.63	5.58	6.19	5.83	5.90	5.79
服务贸易出口开放度	3.40	3.39	3.51	3.16	2.39	2.94	2.67	2.35	2.15	2.08	1.95	1.87	1.90
服务贸易进口开放度	3.64	3.63	3.62	3.40	2.85	3.19	3.29	3.28	3.43	4.11	3.88	4.03	3.89

数据来源:OECD 数据库。

国民待遇上让出一部分利益,主要目的是为国内服务业的发展提供机会。

通过各部门承诺减让表 4.3,在承诺减让水平上,服务业中的分销、教育、建筑、环境等服务开放度最高,娱乐、健康和其他服务服务开放度最低,并且未做任何承诺。另外,商务、旅游、运输的承诺分别为 70％、50％、34％。较为敏感的通信和金融服务业减让承诺分别为 91.67％和 82.35％。

表 4.2   分行业的贸易承诺自由化指标

	未加权			加权后			完全履行承诺		
	市场准入	国民待遇	总体	市场准入	国民待遇	总体	市场准入	国民待遇	总体
金融	0.217 6	0.274 5	0.246 1	0.148 2	0.217 6	0.182 9	0.185 3	0.246 5	0.215 9
旅游	0.425	0.483 3	0.454 2	0.195	0.23	0.212 5	0.26	0.23	0.245
建筑	0.106 7	0.1	0.103 3	0.06	0.046	0.053	0.06	0.144	0.102
分销	0.68	0.706 7	0.693 3	0.552	0.608	0.58	0.636	0.664	0.65
教育	0.106 7	0.126 7	0.116 7	0.06	0.018	0.039	0.06	0.018	0.039
环境	0.15	0.266 7	0.208 3	0.085	0.23	0.157 5	0.085	0.23	0.157 5
运输	0.185 7	0.242 9	0.214 3	0.857	0.182 9	0.134 3	0.127 7	0.182 9	0.155 3
通信	0.198 6	0.311 1	0.254 9	0.098 8	0.268 3	0.183 5	0.119 2	0.268 3	0.193 8
商务	0.389 9	0.472 5	0.431 2	0.243 9	0.389 6	0.316 7	0.307 8	0.389 6	0.348 7
平均值	0.273 4	0.331 6	0.302 5	0.169 8	0.243 4	0.206 6	0.204 6	0.263 7	0.234 1

第二节   服务业对外开放比较以及对竞争力的影响

基于上节的服务贸易开放度测算公式,本节将对世界部分主要国家的对外开放程度进行测算,对比分析我国服务贸易在国际市场中的竞争力。

通过图 4.2 可以发现,在 2005—2017 年间,多数国家服务贸易开放度均有所上升,而韩国、印度、中国等亚洲国家服务贸易开放度有所下降。与发达国家相比,我国服务贸易竞争力较弱;与同为发展中的国家相比,我国服务贸易开放比巴西高,比印度要低。

通过图 4.3,可以发现,在 2005—2017 年间,除了法国、韩国、中国、巴西、俄罗斯等国家外,其他国家服务贸易竞争力指数均有所上升,而法国、韩国、中国、巴西、

表 4.3　我国服务业各部门的承诺减让情况

		跨境交付			境外消费			商业存在			自然人流动		
		无限制	有所保留	不承诺	无限制	有所保留	不承诺	无限制	有所保留	不承诺	无限制	有所保留	不承诺
市场准入	金融服务(14/17)	20	80	0	80	20	0	20	80	0	0	100	0
	旅游(2/4)	100	0	0	100	0	0	0	100	0	0	100	0
	建筑(5/5)	0	0	100	100	0	0	0	100	0	0	100	0
	分销(5/5)	50	25	25	100	0	0	0	100	0	0	100	0
	教育(5/5)	0	0	100	100	0	0	0	100	0	0	100	0
	环境(4/4)	0	100	0	100	0	0	0	100	0	0	100	0
	运输(12/35)	30	30	40	100	0	0	0	80	20	0	100	0
	通信(22/24)	32.35	57.14	10.51	91.45	0	8.55	0	91.45	8.55	0	91.45	8.55
	商务(32/46)	67.48	11.2	21.32	73.92	4.76	21.32	17.12	61.56	21.32	0	78.68	21.32
	娱乐(0/5)	0	0	100	0	0	100	0	0	100	0	0	100
	健康(0/4)	0	0	100	0	0	100	0	0	100	0	0	100
	其他(0/1)	0	0	100	0	0	100	0	0	100	0	0	100
国民待遇	金融服务(14/17)	80	0	20	100	0	0	60	40	0	0	100	0
	旅游(2/4)	100	0	0	100	0	0	50	50	0	0	0	100
	建筑(5/5)	0	0	100	100	0	0	0	100	0	0	100	0
	分销(5/5)	50	25	25	100	0	0	50	50	0	0	100	0
	教育(5/5)	0	0	100	100	0	0	0	0	100	0	100	0

（续表）

	跨境交付			境外消费			商业存在			自然人流动		
	无限制	有所保留	不承诺	无限制	有所保留	不承诺	无限制	有所保留	不承诺	无限制	有所保留	不承诺
环境（4/4）	100	0	0	100	0	0	100	0	0	0	100	0
运输（12/35）	60	10	30	100	0	0	60	20	20	0	100	0
通信（22/24）	100	0	0	100	0	0	100	0	0	0	100	0
商务（32/46）	100	0	0	100	0	0	80.95	19.05	0	0	100	0
娱乐（0/5）	0	0	100	0	0	100	0	0	100	0	0	100
健康（0/4）	0	0	100	0	0	100	0	0	100	0	0	100
其他（0/1）	0	0	100	0	0	100	0	0	100	0	0	100

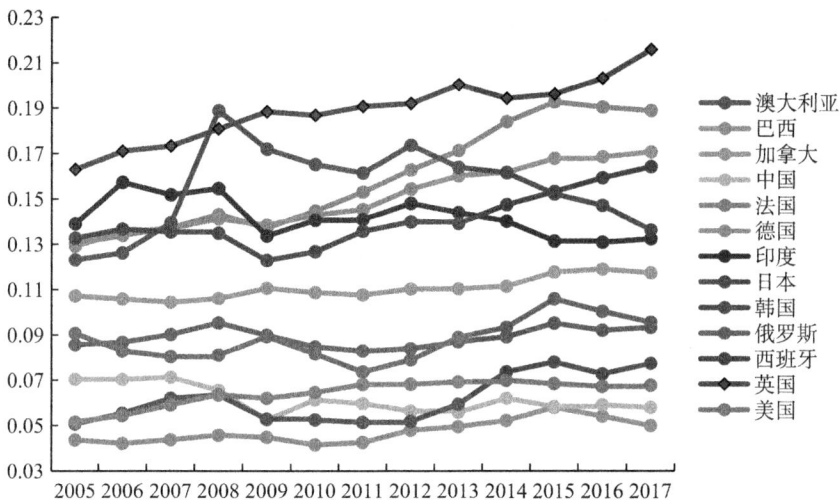

图 4.2　世界部分国家服务贸易开放度

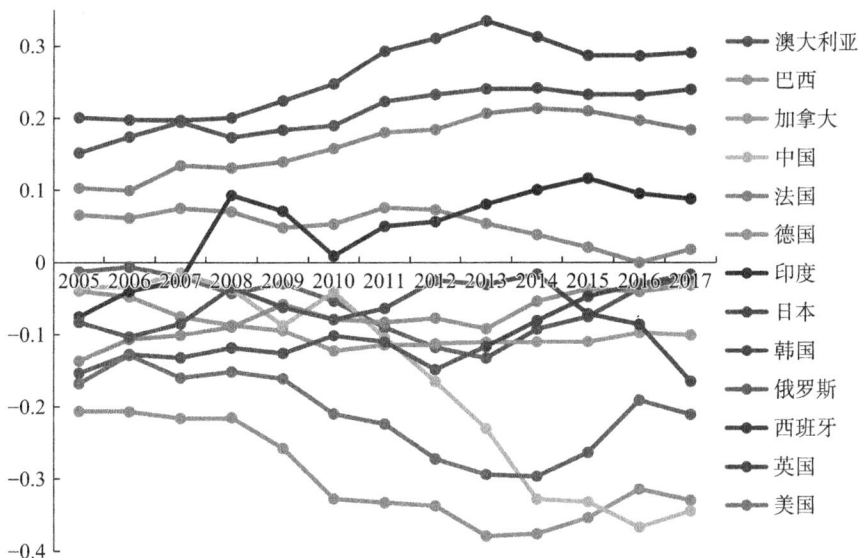

图 4.3　世界部分国家服务贸易竞争力指数

俄罗斯等国家服务贸易竞争力指数呈现出下降趋势。法国、印度、西班牙、英国、美国等国家服务贸易竞争力指数为正数,其余国家竞争力指数均为负值。除印度外,发展中国家服务贸易竞争力指数均低于发达国家。与其他国家相比,我国服务贸易竞争力指数下降较快:2000—2005 年间服务贸易竞争力还处于中游地位,随后,服务贸易竞争力指数下降较快,尤其是最近两年服务贸易竞争力指数均处于倒数地位,中国服务贸易竞争力在世界中处于弱势地位。

　　服务贸易进出口、服务业 FDI 和服务业竞争力的实证结果显示[①]：在短期内，服务业 FDI、服务贸易开放度以及城镇居民可支配收入同比增长率可能偏离服务业竞争力的长期均衡水平，上一年度的非均衡误差以一定的比率对本年度的服务业竞争力进行调整，但调整速度并不快。

　　长期方面，外商投资、居民收入水平、服务业开放水平、国内生产总值的增长均能拉动服务业竞争力的提升，服务贸易开放度和服务业 FDI 对服务业竞争力的提升效果更显著。经济发展水平拉动服务业竞争力的效应较小，居民收入水平反而减弱了服务业竞争力，这可能是由于国内居民收入的提升，反而对国外的需求增加，降低了服务业在国际市场中的竞争力。

　　在各因素之间的因果关系上：服务贸易进出口是服务业竞争力发展的 Granger（格兰杰）原因；服务业竞争力发展也是服务贸易进出口的 Granger（格兰杰）原因；收入增长与服务业竞争力之间不存在格兰杰因果关系；国民生产总值与服务业竞争力之间存在单向的 Granger（格兰杰）原因，服务业 FDI 与服务业竞争力互为 Granger（格兰杰）原因。

第三节　服务业开放对产业结构升级的影响

　　在中国改革开放过程中，充分利用人力资源及物资资源的优势，带来了"中国制造"和中国服务业的飞速发展，但目前我国仍然处于全球产业链的最底端，受制于产业链高端的攀升压力以及中国经济发展的新常态，中国经济要想进一步发展必须找到一条新的发展路径。而服务业在产业转型升级中产生的作用越来越重要，多数国家把扩大服务业开放作为全球产业链高端的手段来引导本国产业的转型升级。因此，有必要研究服务业开放是否促进中国的产业结构转型升级的问题。

　　陈明等[②]通过对省际面板数据的分析，发现服务业开放度（服务外贸依存度和服务外资依存度）对产业结构高级化和产业结构合理化均有着显著影响，服务贸易和服务业 FDI 对中国产业结构高级化和产业结构合理化有着重要的影响。服务贸易要比服务业 FDI 对产业结构高级化和产业结构合理化的作用要大。根据李嘉图的比较优势理论，服务业产品在国际中有优势地位时，才会形成国际贸易。另外，

----

① 季剑军，曾昆. 服务业对外开放与竞争力关系的研究[J]. 经济与管理研究，2016，37(01)：63－69.
② 陈明，魏作磊. 生产服务业开放与中国产业结构升级[J]. 经济问题探索，2017，(4)：117－125.

外商在服务业的直接投资主要集中于劳动资源密集型的传统服务业。与服务贸易相比,FDI 对产业结构的优化作用削弱。服务业 FDI 和服务贸易与其他因素的交互作用对产业结构高级化和合理化呈现出不同效应,服务业 FDI 的交互效应较稳定,服务贸易交互效应显现出抑制作用。

　　入世后,国家层面出台了很多政策推动服务业的发展,服务业对外开放效果明显。生产服务业的开放促进了整个服务业的发展,优化了产业结构,促进了经济增长,但整体上与先进国家相比,服务业开放水平仍然较低,其带动效应仍较弱,对产业结构优化效果不明显。另外,通过服务业 FDI 对产业结构优化的作用分析后发现,在以后制定服务业发展政策上,应着重加强在知识——技术密集型服务业方面的贸易开放,这样能对服务业在国际市场中竞争力提升起到积极作用,并优化国内产业结构和提升高级化水平,为经济发展注入新动力。同时在制定政策时,要因地制宜,制定适合本地产业结构现状的政策,支持本地服务业进行创新,继续坚持服务业对外开放,促进经济发展。

第四节　生产性服务业开放对服务业生产率的影响

　　随着近几年经济的发展,国内企业产能过剩的问题逐渐显现,不得不对供给侧进行改革。而随着服务业在经济中地位的攀升,服务业生产效率对未来中国的经济增长就显得尤为重要。服务业生产效率的影响因素有很多,从投入产出的角度讲,服务性的中间投入效率、生产要素的产出效率是最主要的因素,但市场推动淘汰效率较低的企业是最有效的。要想让市场发挥其作用,就必须要引入竞争,单纯的境内竞争显然更容易形成垄断联盟,对外开放更能让市场淘汰作用发挥得更好。目前我国正处于全面改革新格局和经济发展质量变革的攻关期,劳动力资源的优势已经消退,单纯的依赖外资显然不是未来发展的适合之路,只有提升国内服务业生产效率,达到引进来、对外商投资带来的技术和管理经验等吸收消化后再走出去的开放型经济。通过参与全球市场的竞争,反向促进服务业生产率的提升,建立国际市场中的竞争优势地位。因此,在引进来和走出去的战略下,总结以往服务业的开放经验,对实现服务业生产率的提升机制进行研究。

　　在一国服务业生产率达到一定水平时,生产性服务业对外开放,引进来和走出去均能提升一国服务业生产率。一方面通过引进来加强本国国内市场竞争和技术外溢来提升生产效率,比如国内生产技术水平较低时,通过引进国外先进技术,通过竞争来实现国内企业不断创新,更新技术,取长补短来提升国内企业生产率。另一方面,当一国国内生产技术水平较高时,国内企业的走出去,对外投资中往往伴随着逆向技术外溢效应从而提升本国企业的生产能力,实现生产率的提升。

陈明等[①]的实证结果表明,在我国生产性服务业的 FDI 和对外直接投资均提升了服务业生产率,生产型服务业 FDI 和对外投资每增加一个单位,国内生产性服务业效率提升 0.2、0.23 个单位;生产性服务业走出去要比引进来对生产率效应的提升更好;生产型服务业要素走出去对产业的渗透度要比制造业出口效应更大;生产性服务业走出去时,更加注重自身技术水平和质量,生产效率会更高。在影响因素方面,行业的市场规模、科研人员数和研发活动对生产效率的提升有显著的积极作用,制度变迁对服务业生产率具有一定程度的推动作用,但作用不明显。

在具体行业对外开放对生产率的影响方面,总体上服务业开放对各行业生产效率的提升都有着正向影响:技术性服务(比如研发设计、信息服务和技术服务)和交通运输等服务业要比商务类(商务服务、金融服务)等服务业生产效率的提升更好。技术性服务(研发、信息和技术等服务业)和交通运输等对外投资对服务业生产率的提升要大于外商在国内投资的影响,商务类服务业则恰恰相反。技术性服务业的对外开放对中国服务业的发展起到重要作用,如华为、联想等高科技企业设立海外研发中心,高铁和核电技术大力走出去,参与全球竞争,极大提升了国内服务业技术水平。

第五节   服务业开放对我国出口国内附加值的影响

在竞争激烈的国际市场中,受制于国内生产要素和国外需求的双重压力下,我国必须要加快出口贸易转型升级,提升在国际市场中的分工地位从而解决国际贸易持续下降的问题。而目前,我国制造业整体上仍处于价值链的中低端,核心技术不足,相对有优势的也就有高铁和核电技术等。目前,要想提高国际竞争力以及制造业转型升级,必须对制造业生产中的高级要素进行提升,比如生产性服务业中的设计、研发等。

与西方发达国家相比,我国服务业真正的发展也仅仅有 40 多年的时间,整体

① 陈明,魏作磊.生产性服务业开放对中国服务业生产率的影响[J].数量经济技术经济研究,2018,35(05):95-111.

发展水平一直落后于发达国家,要想赶上世界水平,必须要通过吸收外资、引进先进技术来改变长期落后的现状。虽然加入世界贸易组织后,服务业经历了快速发展,取得了不错的成绩,但在国际市场中,依然缺乏竞争力。当前国际市场中,在国际贸易规则转向服务自由化的情况下,研究服务业开放对我国在国际市场中价值链分工获取更多优势有着重要意义。

服务业的开放过程中,外商直接投资带来的先进技术和管理经验,为我国国内制造业的生产活动提供了新的服务,增加了产品附加值。随着对外开放水平的提升,吸引外资,形成规模经济和产业集聚,加强技术交流,降低了运输、交易成本,从而实现了出口国内附加值的提升。另外,服务业的产业关联效应和乘数效应也在一定程度上提升了国内出口企业的生产率、技术含量和服务专业化水平,从而强化了服务业在国际市场中的竞争力。服务业对外开放同样也能通过生产专业化的分工,形成服务环节外包,让一国更加专注于优势较大的制造环节。

在国家层面,服务业对外开放水平的提升正向影响出口国内附加值,创新能力、产业集聚和专业化程度对国内附加值的影响具有显著的中介效应。服务业开放对资本和技术密集型制造业都显现出正向影响,对技术密集型制造业效应更强,对劳动密集型的制造业有负向影响。对技术密集型制造企业,应该从创新能力的提升增加出口产品的国内附加值,而不应从产业集聚和专业化程度来提升。[①]

第六节　服务业开放对服务业就业的影响

目前,中国的经济已经进入中高速增长阶段,服务业成为经济增长的动力和吸纳就业的首选。2008—2018年制造业增加值占国内生产总值的比重由48.6%到40.7%,服务业增加值占比由40.1%上升到52.2%,经济结构加速向服务业主导型转变。在前面的分析中,我们已经知道服务业对外开放能提升产业结构升级和高级化进程,那么,服务业开放是否促进了就业呢?

2001年到2018年间,全国就业人数增加0.48亿人达到7.76亿人,但三次产业吸纳就业能力的态势此消彼长非常明显。制造业和服务业就业人数无论是数量还是占比均有明显上升,但显然服务业增长更快,而下降最明显的就是第一产业,

① 姜悦,黄繁华.服务业开放提高了我国出口国内附加值吗——理论与经验证据[J].财贸研究,2018,29(05):74-81.

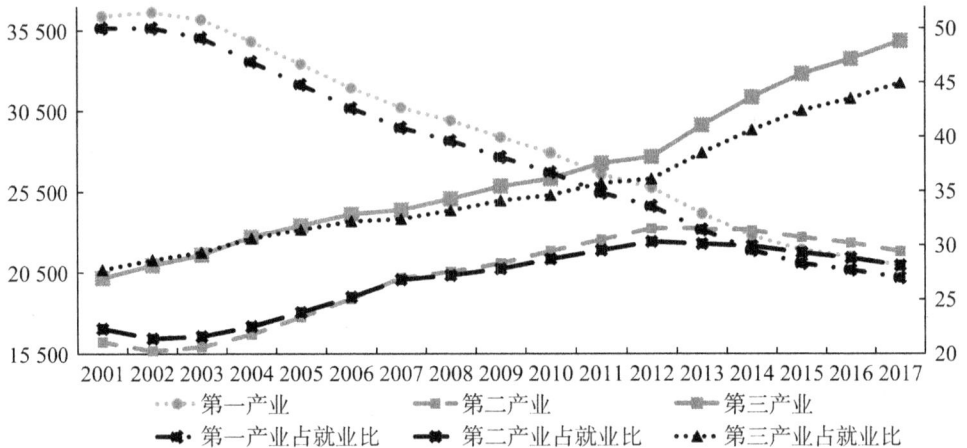

图 4.4　2000—2017 年一二三产业就业人数及比例变化

下降明显。

　　通过表 4.4 可以看到,多数服务业整体就业比率基本上没有大的变化,教育业变化较大,从 2009 年到 2017 下降 6.48%。批发零售、信息、金融业、房地产、租赁和商务服务等变化百分比也在 1.4 以上,其他行业变化不大。

表 4.4　各服务行业在服务业中吸纳就业中的占比(%)

	2009	2010	2011	2012	2013	2014	2015	2016	2017
批发和零售业	9.88	9.78	11.11	11.65	12.68	12.29	12.02	11.74	11.16
交通、仓储、邮政	12.03	11.54	11.37	10.93	12.04	11.92	11.63	11.39	11.17
住宿和餐饮业	3.83	3.82	4.17	4.34	4.33	4.00	3.76	3.62	3.52
信息传输、信息技术	3.30	3.40	3.65	3.65	4.66	4.65	4.76	4.88	5.24
金融业	8.51	8.59	8.67	8.64	7.66	7.83	8.26	8.92	9.12
房地产	3.62	3.87	4.27	4.48	5.32	5.56	5.68	5.79	5.89
租赁和商务服务	5.51	5.67	4.92	4.79	6.01	6.22	6.45	6.55	6.92
科研和技术服务	5.17	5.34	5.12	5.41	5.52	5.64	5.59	5.63	5.57
水利、环境等	3.90	4.00	3.95	3.99	3.69	3.72	3.72	3.62	3.56
居民服务	1.12	1.10	1.03	1.02	1.03	1.04	1.02	1.01	1.04
教育	29.39	28.92	27.76	27.07	24.01	23.89	23.63	23.19	22.91
卫生和社会工作	11.30	11.56	11.65	11.78	10.96	11.21	11.45	11.63	11.89
文体娱	2.46	2.40	2.32	2.25	2.09	2.01	2.03	2.02	2.02

根据李杨的研究结果①,整体上服务业出口对服务业就业无显著影响,服务进口对国内服务业就业具有替代效应。另外,不同类型服务业的进口对就业产生的效应也不尽相同:资本和知识密集型的服务出口促进了国内就业,而劳动密集型服务出口抑制了国内就业。

近10年,随着中国服务业按照入世的约定,逐渐放开了服务业,外商直接投资正向促进国内就业的效应并未显现,反而由于竞争加剧,对就业产生了挤出效应。整体上,服务业外商投资对服务业的就业效应的影响显著为负。从不同类型服务业看,在资本和劳动密集型服务业企业中,外商直接投资对就业显现出抑制效应,知识和技术密集型服务业对就业效应不显著。

服务业对外开放对就业效应显现出不确定性,具体分析就业效应时,应根据不同服务模式、不同商业部门贸易程度以及要素密集类型做出判断。

第七节　服务贸易壁垒对服务业发展的影响

根据《服务贸易总协定》,加入贸易组织的各个国家应该在约定的时间内逐步放开国内服务业市场,最终使得技术、资本、劳动力等各服务要素在国际市场中流动通畅。由于我国服务业发展在入世之初的发展水平较弱以及文化、宗教差异,中国对服务产品和要素在全球市场中的流动中采取了部分限制性措施,与其他国家存在一定的贸易壁垒。

我国对外的服务贸易壁垒整体上呈现出缓慢下降的趋势。这与我国采取的对外开放政策分不开,也履行了加入世贸组织时的承诺,服务贸易自由化程度在上升。②

在区域方面,与韩国、日本等距离较近的亚洲国家的服务贸易壁垒较低,与距离较远的欧洲国家贸易壁垒较高,与美国的贸易壁垒仅次于韩国和日本。下降幅度最大的是荷兰、韩国、丹麦、瑞典、澳大利亚与俄罗斯。受2008年金融危机的影响,与部分国家服务贸易壁垒在金融危机后有所上升。

整体上,加入世界贸易组织后,随着对外开放水平的提升,我国服务贸易壁垒

---

① 李杨,张鹏举,黄宁.中国服务业开放对服务就业的影响研究[J].中国人口科学,2015(06):80-90+128.

② 户艳辉,孙巧丽.我国服务贸易壁垒设置对服务业发展影响的实证分析[J].技术经济与管理研究,2017(12):94-99.

水平整体下降,全要素生产率呈现出上升趋势,但每年的增长速度不尽相同:2001年增长较快,为3.22%,这可能与2001年加入了世界贸易组织相关,其他各年的增长率在1%左右。但2009年服务业的全要素生产率低于2008年,增长率为负值,如图4.5所示。

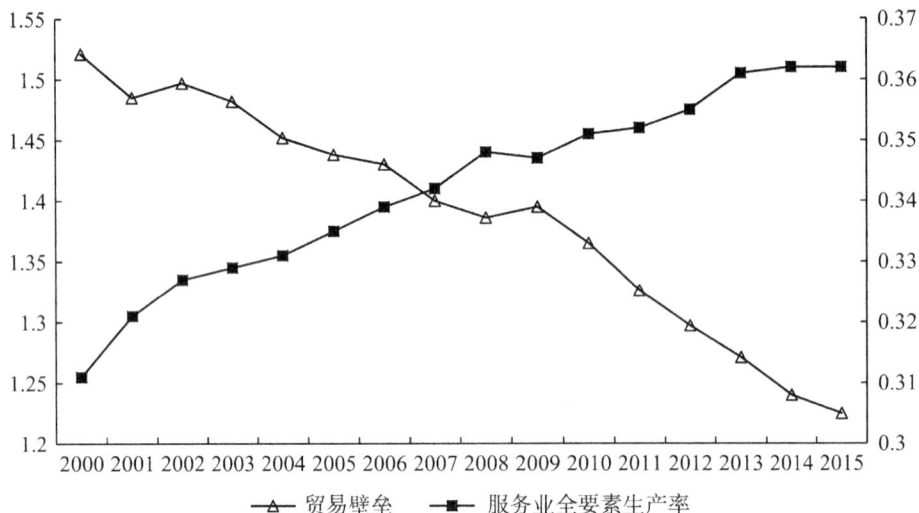

图4.5   2000—2015年中国服务贸易壁垒水平与服务业全要素生产率

服务贸易壁垒和服务业增加值、就业率和全要素生产率之间存在长期均衡关系,服务贸易壁垒每降低一个单位,服务业增加值、就业率、全要素生产率将平均增长12.64、2.29、0.77个单位。

在因果关系上,在5%显著性水平下,服务贸易壁垒是就业率和全要生产率的Granger原因;10%显著性水平下,服务贸易壁垒是服务业增加值的Granger原因。这说明服务贸易壁垒的降低会在统计上能预测服务业规模、就业率以及全要素生产率的下一期值。

服务贸易与服务业全要素生产率、服务业就业、服务业增加值的关联系数依次降低。服务业贸易壁垒与服务业全要素生产率关系最密切,其他两个依次降低。

第五章

服务贸易、服务业外商直接投资对经济发展的影响

外商直接投资引入东道国时,往往伴随着资本、技术、管理经验的引入,因此外商投资是发展中国家以及不发达国家实现经济快速增长的一条快速途径。通过研究发现,外商直接投资水平和发展中国家经济增长相关指标存在正相关,外商直接投资对发展中国家的作用也在稳步上升。在本章中,我们将试着从服务贸易和服务业外商直接投资的角度,对中国服务贸易、服务业外商直接投资在经济发展中的作用进行分析。

第一节 服务贸易发展状况

图 5.1 显示了 1990—2017 年间服务贸易进出口之间的关系变化,在 2010 年

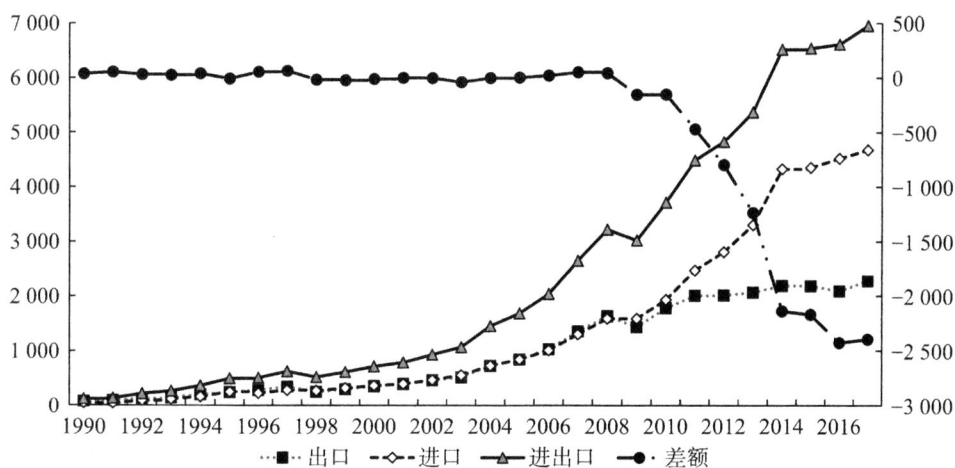

数据来源:中国商务部网站

图 5.1 1990—2017 年中国服务贸易发展状况(单位:亿美元)

之前,服务业进口与出口基本保持一致的增长,贸易逆差没有增大,自 2010 年之后,服务业进口增长大于服务业出口增长,使得贸易逆差逐渐增大,服务贸易逆差的变化趋势与中国经济的增长的总体变化趋势保持一致。

造成此种情况的原因可能是由于世界经济遭受 2008—2009 年金融危机,全球经济形势的恶化,对服务业的需求变缓,中国服务业出口竞争力较弱,金融危机对中国服务业出口影响较大。与此同时,中国经济的发展,人民物质财富的积累,国内服务业的发展不能满足日益增长的需求,服务产品进口增加,服务贸易逆差增大。

2012—2016 年之间服务出口并没有显现出快速增长。在服务贸易出口中,加工服务、运输、旅行、建筑、计算机和信息服务及其他商业服务等服务行业出口数值较大,是贸易出口的主要组成部分。

在服务贸易进口中,2012—2017 年服务贸易进口快速增长,而其快速增长的原因是由于旅行数据的快速增长,出国旅游成为服务贸易进口的重要部分。运输、旅行、知识产权使用费、其他商业服务是服务贸易进口中主要组成部分,见表 5.1。

表 5.1   2012—2017 年中国服务业各行业服务贸易逆差   单位:亿美元

	2012	2013	2014	2015	2016	2017
总额	−5 023	−7 774	−13 130	−13 510	−16 112	−16 177
加工服务	1 614	1 458	1 309	1 263	1 226	1 211
维护和维修服务	—	—	—	143	201	248
运输	−2 957	−3 565	−3 558	−2 911	−3 105	−3 772
旅行	−3 273	−4 837	−11 259	−12 759	−14 394	−14 595
建筑	544	426	644	402	294	1 039
保险和养老金服务	−1 088	−1 139	−1 098	−238	−582	−430
金融服务	−2	−32	−25	−20	78	141
知识产权使用费	−1 052	−1 267	−1 347	−1 304	−1 515	−1 608
电信、计算机和信息服务	678	595	579	907	926	581
其他商业服务	546	623	1 729	1 175	962	1 262
个人、文化和娱乐服务	−28	−40	−43	−72	−93	−135
别处未提及的政府服务	−4	2	−60	−94	−111	−118

数据来源:中国商务部网站。

通过服务贸易逆差数据变化,可以发现服务贸易逆差在增加,贸易逆差贡献较大有运输、旅行、知识产权使用费等服务业；近几年保险和养老金服务贸易逆差在缩小。劳动力密集型行业贸易逆差多数为正值，比如加工服务、建筑、电信、计算机和信息服务以及其他商业服务等，但其贸易逆差值均不大，对贸易逆差扭转作用有限。

服务贸易中服务出口在全球市场中，2005—2017年所占份额没有大的变化，但服务进口额度在此期间呈现出增长的趋势。这也从侧面说明中国服务贸易在全球市场中竞争力较弱，服务贸易需要大量进口，如图5.2所示。

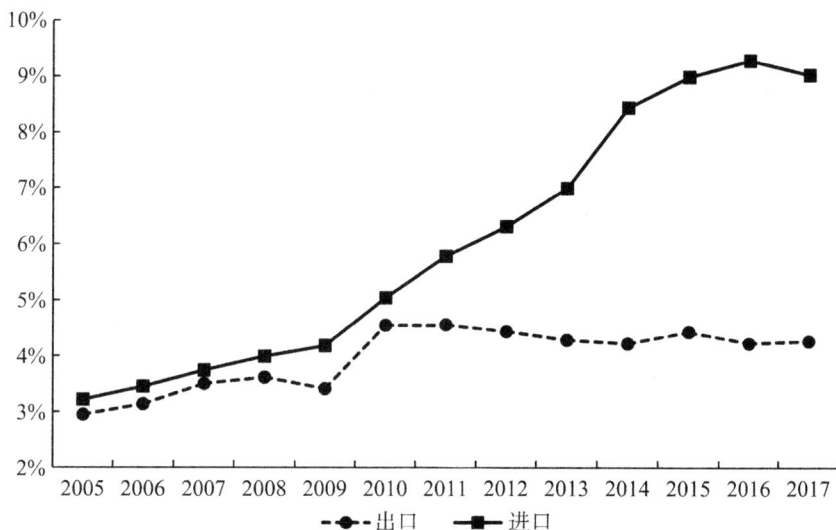

图 5.2　中国服务贸易进口与出口占世界的比例变化

表 5.3　2012—2017 年中国服务业各行业出口值及其增长（单位：亿元人民币、%）

	2012		2013		2014		2015		2016		2017	
	金额	同比	金额	同比	金额	同比	金额	同比	金额	同比	金额	同比
总额	12 699	−4.5	13 020	3.0	13 461	3.0	13 617	1.0	13 918	2.0	15 407	11.0
加工服务	1 622	511.4	1 463	−10.0	1 316	−10.0	1 273	−3.0	1 237	−3.0	1 223	−1.0
维护和维修服务	0	—	0	—	0	—	225	—	335	49.0	401	20.0
运输	2 452	589.2	2 368	−3.0	2 349	−1.0	2 404	2.0	2 247	−7.0	2 506	12.0
旅行	3 152	550.2	3 250	3.0	2 706	−17.0	2 801	4.0	2 951	5.0	2 615	−11.0
建筑	772	424.0	671	−13.0	943	41.0	1 037	10.0	843	−19.0	1 618	92.0
保险和养老金服务	210	595.0	251	20.0	281	12.0	310	10.0	276	−11.0	273	−1.0
金融服务	119	1 298.9	200	69.0	278	39.0	145	−48.0	213	47.0	250	17.0

（续表）

	2012		2013		2014		2015		2016		2017	
	金额	同比	金额	同比	金额	同比	金额	同比	金额	同比	金额	同比
知识产权使用费	66	785.0	56	—15.0	42	—25.0	68	63.0	78	15.0	322	315.0
电信、计算机和信息服务	1 024	635.9	1 075	5.0	1 239	15.0	1 606	30.0	1 762	10.0	1 876	6.0
其他商业服务	3 214	470.3	3 600	12.0	4 232	18.0	3 638	—14.0	3 846	6.0	4 157	8.0
个人、文化和娱乐服务	8	544.4	9	17.0	11	16.0	46	324.0	49	8.0	51	4.0
别处未提及的政府服务	62	728.6	77	24.0	65	—16.0	66	2.0	80	21.0	115	43.0

数据来源：中国商务部网站。

表5.4　2012—2017年中国服务业各行业进口值及其增长（单位：亿元人民币、%）

	2012		2013		2014		2015		2016		2017	
	金额	同比	金额	同比	金额	同比	金额	同比	金额	同比	金额	同比
总额	17 722	8	20 794	17.3	26 591	27.9	27 127	2	30 030	10.7	31 584	5.2
加工服务	8	298.7	5	—34.1	7	42.5	10	40.9	11	4.8	12	14.2
维护和维修服务	0	—	0	—	0	—	82	—	134	63.3	153	14.3
运输	5 409	572.4	5 933	9.6	5 907	—0.4	5 315	—10	5 352	0.7	6 278	17.3
旅行	6 425	785.1	8 087	25.9	13 965	72.7	15 560	11.4	17 345	11.5	17 210	—0.8
建筑	228	511.5	245	7.3	299	22.3	635	112.3	549	—13.5	579	5.4
保险和养老金服务	1 298	557.5	1 390	7.1	1 379	—0.7	548	—60.3	858	56.6	703	—18
金融服务	121	1 524.5	232	91.4	303	30.7	165	—45.7	135	—18	109	—19.1
知识产权使用费	1 118	660.4	1 323	18.3	1 389	5	1 372	—1.3	1 593	16.1	1 930	21.2
电信、计算机和信息服务	346	587	480	38.6	660	37.7	699	5.9	836	19.5	1 295	55

（续表）

	2012		2013		2014		2015		2016		2017	
	金额	同比	金额	同比	金额	同比	金额	同比	金额	同比	金额	同比
其他商业服务	2 668	442.3	2 977	11.6	2 503	−15.9	2 463	−1.6	2 884	17.1	2 895	0.4
个人、文化和娱乐服务	36	790.1	49	38.4	54	9	118	119.9	142	20.5	186	30.8
别处未提及的政府服务	66	515.5	75	14.1	125	66.5	160	28.3	191	19.5	233	22.3

数据来源：中国商务部网站。

表5.5　2012—2017年中国服务业各行业进出口值及其增长（单位：亿元人民币、%）

	2012		2013		2014		2015		2016		2017	
	金额	同比	金额	同比	金额	同比	金额	同比	金额	同比	金额	同比
总额	30 422	5.4	33 814	11.2	40 053	18.4	40 745	1.7	43 947	7.9	46 991	6.9
加工服务	1 630	−7.9	1 468	−9.9	1 323	−9.9	1 283	−3.0	1 248	−2.7	1 235	−1.0
维护和维修服务	0	—	0	—	0	—	307	—	469	52.8	554	18.1
运输	7 861	2.2	8 301	5.6	8 256	−0.5	7 719	−6.5	7 599	−1.6	8 784	15.6
旅行	9 577	19.5	11 337	18.4	16 671	47.0	18 361	10.1	20 296	10.5	19 825	−2.3
建筑	1 000	−18.2	916	−8.4	1 242	35.6	1 672	34.6	1 392	−16.7	2 197	57.8
保险和养老金服务	1 508	0.1	1 641	8.8	1 660	1.2	858	−48.3	1 134	32.2	976	−13.9
金融服务	240	127.2	432	80.0	581	34.5	310	−46.6	348	12.3	359	3.2
知识产权使用费	1 184	15.7	1 379	16.5	1 431	3.8	1 440	0.6	1 671	16.0	2 252	34.8
电信、计算机和信息服务	1 370	9.1	1 555	13.5	1 899	22.1	2 305	21.4	2 598	12.7	3 171	22.1
其他商业服务	5 882	−15.8	6 577	11.8	6 735	2.4	6 101	−9.4	6 730	10.3	7 052	4.8
个人、文化和娱乐服务	44	25.7	58	31.8	65	12.1	164	152.3	191	16.5	237	24.1
别处未提及的政府服务	128	6.3	152	18.8	190	25.0	226	18.9	271	19.9	348	28.4

数据来源：中国商务部网站。

表 5.2　世界部分国家服务贸易出口与进口数值（单位：百万美元）

		2005	2006	2007	2008	2009	2010	2011	2012	2013	2014	2015	2016	2017
出口	巴西	15 441.6	18 495	23 954.3	30 450.5	27 728.3	30 800.4	37 105.5	39 135.8	38 010.5	39 965.3	33 777.5	33 300.3	34 478.4
	中国	78 468.7	94 071	125 447	145 343	122 563	178 339	201 047	201 576	207 006	219 141	218 634	209 529	228 090
	法国	153 264	165 420	196 821	224 320	194 002	202 108	236 195	234 648	254 118	272 844	240 051	235 379	249 474
	德国	159 418	181 530	211 791	241 402	222 804	225 014	250 502	252 487	273 021	297 803	273 008	281 294	304 058
	印度	52 179	69 439.8	86 552.5	106 054	92 889.5	117 068	138 528	145 525	149 164	157 196	156 278	161 819	183 980
	日本	102 029	109 387	121 496	141 010	120 865	134 414	140 827	136 939	135 227	163 790	162 637	173 923	184 771
	韩国	50 730.3	57 212.5	71 650.5	91 333.3	72 752.1	83 260.3	90 900.1	103 533	103 739	112 106	97 730.6	94 903.4	87 496.6
	俄罗斯	28 845.4	35 718.5	43 860.1	57 135.9	45 796.5	49 159	58 039.1	62 340	70 122.5	65 744.5	51 697.2	50 554.4	57 828.4
	西班牙	92 174	103 450	119 892	132 363	112 723	113 151	130 564	122 503	126 450	133 245	118 131	126 780	139 072
	英国	236 688	270 290	318 283	306 758	265 675	271 257	305 526	315 038	340 406	364 667	348 931	331 346	350 687
	美国	374 601	416 738	488 396	532 817	512 722	563 333	627 781	656 411	701 455	741 919	753 150	752 368	780 875
进口	巴西	23 471.1	28 149.4	37 172.9	47 140.4	46 974.1	60 827.8	74 148.5	78 984.4	84 382.7	88 072.1	70 723.4	63 747.1	68 329.1
	中国	83 970.7	100 838	129 126	156 397	145 979	193 401	247 844	281 300	330 608	432 883	435 541	452 097	467 589
	法国	134 351	146 284	169 429	194 894	176 153	181 659	202 807	202 709	228 074	252 627	230 172	235 347	240 472
	德国	209 867	224 975	259 428	288 609	250 214	263 280	295 641	294 598	327 957	331 400	293 639	304 765	323 647
	印度	60 635.6	75 171.4	91 036	87 954.5	80 552.8	114 928	125 289	129 919	126 891	128 362	123 567	133 532	154 014
	日本	139 030	141 408	158 540	178 869	155 734	164 704	175 659	184 702	170 870	192 423	178 587	184 475	190 889
	韩国	59 860.6	70 426.1	84 897.5	97 876.2	82 342	97 498.7	103 179	108 747	110 238	115 784	112 647	112 641	121 969

（续表）

	2005	2006	2007	2008	2009	2010	2011	2012	2013	2014	2015	2016	2017
俄罗斯	40 470. 9	46 273. 1	60 577. 9	77 555. 5	63 397. 1	75 278. 6	91 495. 4	108 927	128 382	121 022	88 617. 4	74 381. 4	88 646. 7
西班牙	61 340. 4	69 328	80 418. 1	88 124. 1	71 438. 6	68 218. 5	71 361. 1	64 365. 1	63 005. 3	69 703. 9	65 389. 5	70 261. 7	76 296. 8
英国	174 159	190 161	214 618	216 037	183 171	184 709	193 999	196 053	208 435	222 678	217 151	206 617	214 946
美国	304 448	341 165	372 575	409 052	386 801	409 313	435 761	452 013	461 087	480 761	491 740	504 654	538 110

数据来源：OECD。

第二节   中国服务业吸收外资趋势

受 2008 年的金融危机以及世界经济增长整体放缓的影响,外商在我国的直接投资额出现了剧烈波动,服务业和制造业利用外资总额增长放缓,外商直接投资在制造业的份额下降,服务业份额上升,服务业成为新时期中国吸收外资的重点领域。

表 5.6   2013—2016 中国服务业吸收外资合同及金额情况(单位:个、万美元)

	2013		2014		2015		2016	
	合同项目	实际使用金额	合同项目	实际使用金额	合同项目	实际使用金额	合同项目	实际使用金额
交通、仓储和邮政	401	421 738	376	445 559	449	418 607	425	508 944
信息、计算机、软件	796	288 056	981	275 511	1 311	383 556	1 463	844 249
批发和零售业	7 349	1 151 099	7 978	946 340	9 156	1 202 313	9 399	1 587 016
住宿和餐饮业	436	77 181	567	65 021	611	43 398	620	36 512
金融业	509	233 046	970	418 216	2 003	1 496 889	2 476	1 028 901
房地产业	530	2 879 807	446	3 462 611	387	2 899 484	378	1 965 528
租赁和商务服务业	3 359	1 036 158	3 963	1 248 588	4 465	1 004 973	4 631	1 613 171
科研、技术和勘查	1 241	275 026	1 611	325 466	1 970	452 936	2 444	651 989
水利、环境和公共设施管理业	107	103 586	99	57 349	84	43 334	97	42 159
居民服务	166	65 693	181	71 813	217	72 131	245	49 038
教育	22	1 822	20	2 097	38	2 894	96	9 437
卫生、社保和福利	18	6 435	22	7 757	51	14 338	77	25 411
文化、体育和娱乐	151	82 079	194	82 338	238	78 941	371	26 732
公管和社会组织	—	5	—	930	5	—	2	—
总计	22 773	11 758 620	23 778	11 956 156	26 575	12 626 660	27 900	12 600 142

数据来源:历年《中国第三产业统计年鉴》。

　　从表5.6可以发现,无论是合同项目还是实际利用金额,外商直接投资服务在总投资中的比重均呈现出上升趋势。在外商直接投资的服务业中,主要集中于信息传输、计算机服务和软件、批发和零售、金融、房地产、租赁和商业服务以及科学研究与技术服务等行业。另外,房地产业的 FDI 所占比重已经下降,信息传输、批发和零售、金融、租赁和商业服务、科学技术等随着服务业的开放外商直接投资比重有所上升。

　　从表5.7可以发现,在对外投资中,服务业占所有对外投资的无论是金额还是比例均呈现出上升趋势。我国对外直接投资主要集中于批发零售、信息传输、金融、房地产和租赁及商务服务等服务业,其中,租赁及商务服务占主要地位,信息传输、房地产在 2013—2016 年间呈现出上升趋势,而批发和零售、金融呈现出下降趋势。

表 5.7　2012—2016 年中国服务业对外投资情况(单位:万美元)

	2012	2013	2014	2015	2016
总计	8 780 353	10 784 371	12 311 986	14 566 715	19 614 943
批发和零售业	1 304 854	1 464 682	1 829 071	1 921 785	2 089 417
交通运输、仓储和邮政业	298 814	330 723	417 472	272 682	167 881
住宿和餐饮业	13 663	8 216	24 474	72 319	162 549
信息传输、软件和信息技术服务业	124 014	140 088	316 965	682 037	1 866 022
金融业	1 007 084	1 510 532	1 591 782	2 424 553	1 491 809
房地产业	201 813	395 251	660 457	778 656	1 524 674
租赁和商务服务业	2 674 080	2 705 617	3 683 059	3 625 788	6 578 157
科学研究和技术服务业	147 850	179 221	166 879	334 540	423 806
水利、环境和公共设施管理业	3 357	14 489	55 139	136 773	84 705
居民服务、修理和其他服务业	89 040	112 918	165 175	159 948	542 429
教育	10 283	3 566	1 355	6 229	28 452
卫生和社会工作	538	1 703	15 338	8 387	48 719
文化、体育和娱乐业	19 634	31 085	51 915	174 751	386 869
公共管理、社会保障和社会组织				160	

数据来源:历年《中国第三产业统计年鉴》。

　　通过图 5.3 可以清晰地发现,无论是服务业 FDI 管制指数还是总管制指数,中国表现出管制指数较高的情况。与同为发展中国家印度相比,管制指数也相对较高。

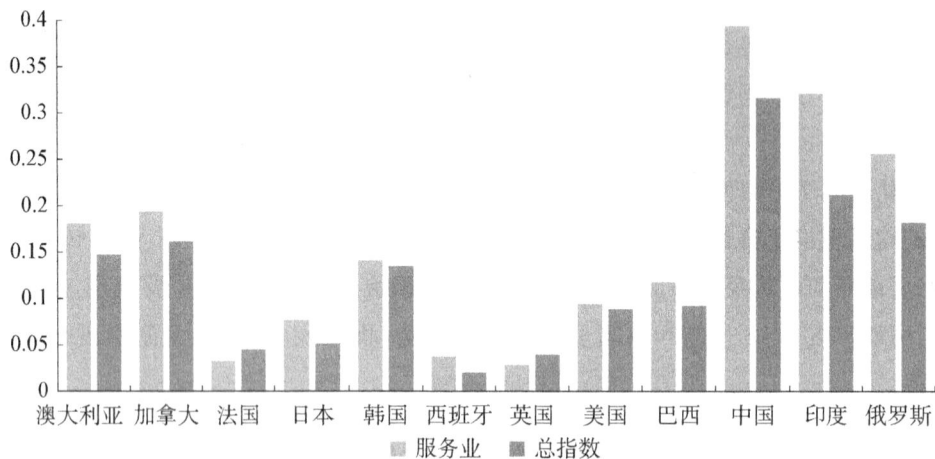

数据来源:OECD 数据库

图 5.3   服务业 FDI 及总 FDI 管制指数

通过服务业分行业 FDI 管制指数表 5.8 可见,交通运输、传媒、金融、通信、法律等行业,FDI 管制指数仍居世界前列,而这些行业也是国家国防安全等领域的重点行业,管制指数较高。而近几年,中国也在逐渐放松外商投资管制,比如中国对外商投资在金融业的投资比例限制放开到 51%,在经过三年的过渡期后,投资比例不再限制。

中国政府在外商投资方面,也在逐步放宽对外商投资的限制。2010 年 1 月 1 日开始执行《中华人民共和国外商投资法》,完善了外资投资管理法律体系,对外商投资进一步放宽,实现外商投资体制的成功改革。

可以说,中国必定坚定不移扩大对外开放以及将改革进行到底,实现共赢。

第三节   外商直接投资中国服务业的区位选择

2017 年,外商在中国新增加的企业数量达到 35 652 家,比去年增长 27.8%,实际利用外资金额 8 775.6 亿元人民币,同比增长 7.9%。

表5.8 世界部分国家服务业分行业 FDI 管制指数

	澳大利亚	加拿大	法国	日本	韩国	西班牙	英国	美国	巴西	中国	印度	俄罗斯
房地产	0.075	0.095	0	0.001	0	0	0	0	0.025	0.095	0	0.05
零售	0.075	0.095	0	0.001	0	0	0	0	0.025	0.14	0.583	0.05
交通	0.268	0.262	0.15	0.275	0.508	0.075	0.092	0.55	0.275	0.492	0.093	0.35
陆运	0.1	0.095	0	0.025	0	0	0	0	0.275	0.225	0	0.35
海运	0.25	0.095	0.225	0.15	0.975	0	0.05	1	0.025	0.595	0	0.05
航空	0.455	0.595	0.225	0.65	0.55	0.225	0.225	0.65	0.525	0.655	0.28	0.65
住宿餐饮	0.075	0.095	0	0	0	0	0	0	0.025	0.05	0	0.1
传媒	0.2	0.71	0.048	0.2	0.563	0.225	0.225	0.25	0.55	1	0.28	0.483
广播	0.2	0.71	0.045	0.4	0.75	0.45	0.45	0.5	0.425	1	0.21	0.55
其他媒体	0.2	0.71	0.05	0	0.375	0	0	0	0.675	1	0.35	0.417
通信	0.4	0.56	0	0.265	0.325	0	0	0.11	0.025	0.75	0.175	0.1
固定通信	0.4	0.56	0	0.505	0.325	0	0	0.02	0.025	0.75	0.175	0.15
移动通信	0.4	0.56	0	0.025	0.325	0	0	0.2	0.025	0.75	0.175	0.05
金融服务	0.133	0.072	0.054	0	0.05	0.002	0.002	0.042	0.108	0.49	0.279	0.39
银行	0.2	0.11	0.045	0	0	0	0	0.1	0.15	0.5	0.413	0.375
保险	0.125	0.01	0.068	0	0	0	0	0	0.125	0.625	0.4	0.695

（续表）

	澳大利亚	加拿大	法国	日本	韩国	西班牙	英国	美国	巴西	中国	印度	俄罗斯
其他金融	0.075	0.095	0.05	0	0.15	0.005	0.005	0.025	0.05	0.345	0.023	0.1
商业服务	0.078	0.095	0.003	0	0	0.113	0	0	0.025	0.225	0.563	0.175
法律	0.075	0.095	0.01	0	0	0.45	0	0	0.025	0.75	1	0.55
审计会计	0.085	0.095	0	0	0	0	0	0	0.025	0.05	1	0.05
艺术	0.075	0.095	0	0	0	0	0	0	0.025	0.05	0	0.05
工程服务	0.075	0.095	0	0	0	0	0	0	0.025	0.05	0.25	0.05
不动产	0.422	0.01	0	0.1	0	0	0	0	0.025	0.11	1	0.333

数据来源：OECD 数据库。

表 5.9 中国服务业 2004—2016 年服务业各行业利用外资情况统计(单位:万美元)

	2004	2005	2006	2007	2008	2009	2010	2011	2012	2013	2014	2015	2016
交通运输、仓储和邮政业	127 285	181 230	198 485	200 676	285 131	252 728	224 373	319 079	347 376	421 738	445 559	418 607	508 944
信息传输、计算机服务和软件业	91 609	101 454	107 049	148 524	277 479	224 694	248 667	269 918	335 809	288 056	275 511	383 556	844 249
批发和零售业	73 959	103 854	178 941	267 652	443 297	538 980	659 566	842 455	946 187	1 151 099	946 340	1 202 313	1 587 016
住宿和餐饮业	84 094	56 017	82 764	104 165	93 851	84 412	93 494	84 289	70 157	77 181	65 021	43 398	36 512
金融业	25 248	21 969	29 369	25 729	57 255	45 617	112 347	190 970	211 945	233 046	418 216	1 496 889	1 028 901
房地产业	595 015	541 807	822 950	1 708 873	1 858 995	1 679 619	2 398 556	2 688 152	2 412 487	2 879 807	3 462 611	2 899 484	1 965 528
租赁和商务服务业	282 423	374 507	422 266	401 881	505 884	607 806	713 023	838 247	821 105	1 036 158	1 248 588	1 004 973	1 613 171
科学研究、技术服务和地质勘查业	29 384	34 041	50 413	91 668	150 555	167 363	196 692	245 781	309 554	275 026	325 466	452 936	651 989

（续表）

	2004	2005	2006	2007	2008	2009	2010	2011	2012	2013	2014	2015	2016
水利、环境和公共设施管理业	22 911	13 906	19 517	27 283	34 027	55 613	90 859	86 427	85 028	103 586	57 349	43 334	42 159
居民服务和其他服务业	15 795	26 001	50 402	72 270	56 992	158 596	205 268	188 357	116 451	65 693	71 813	72 131	49 038
教育	3 841	1 775	2 940	3 246	3 641	1 349	818	395	3 437	1 822	2 097	2 894	9 437
卫生、社会保障和社会福利业	8 738	3 926	1 517	1 157	1 887	4 283	9 017	7 751	6 430	6 435	7 757	14 338	25 411
文化、体育和娱乐业	44 776	30 543	24 136	45 109	25 818	31 756	43 612	63 455	53 655	82 079	82 338	78 941	26 732
总计	1 482 236	1 540 050	2 059 550	3 141 657	3 904 068	3 921 987	5 142 354	5 916 970	5 837 797	6 743 709	7 532 615	8 269 670	8 636 831

数据来源：历年《中国统计年鉴》。

表 5.10　各产业外商直接投资额及其比重与变化情况

行业	外商投资行（家）	同比增长	利用外资金额（亿美元）	同比增长
农林牧渔	579	29％	7.9	52.1％
制造业	4 986	24.3％	335.1	−5.6％
服务业	30 061	28.4％	954.4	7.5％

数据来源：商务部网站。

　　服务业快速发展及服务业外商投资额增加的同时，服务业发展和外商直接投资也存在着各种各样的问题。

　　我国服务业对外资开放程度还较低，服务业管制指数在全球还较高。中国服务业虽然经过近 40 年的发展，发展水平、基础设施、劳动力资本、技术水平等取得了不错的发展，但与发达国家相比，总体水平仍然较低。另外，受制于国家经济、文化、安全等领域的考虑，此部分行业对外开放程度也较低。

　　外商直接投资行业不均衡。前几年，外商投资主要集中于房地产、批发零售等行业，而教育、卫生、医疗、金融保险等部门外商投资水平较低，与这些部门相对管制较严有关。而近几年随着服务业对外开放的政策放开，金融业、信息计算机及软件、科学研究、技术服务等行业在外商投资中占比开始增加，房地产、租赁和商务服务等传统外商投资行业占比有所下降。具体情况参见图 5.4。

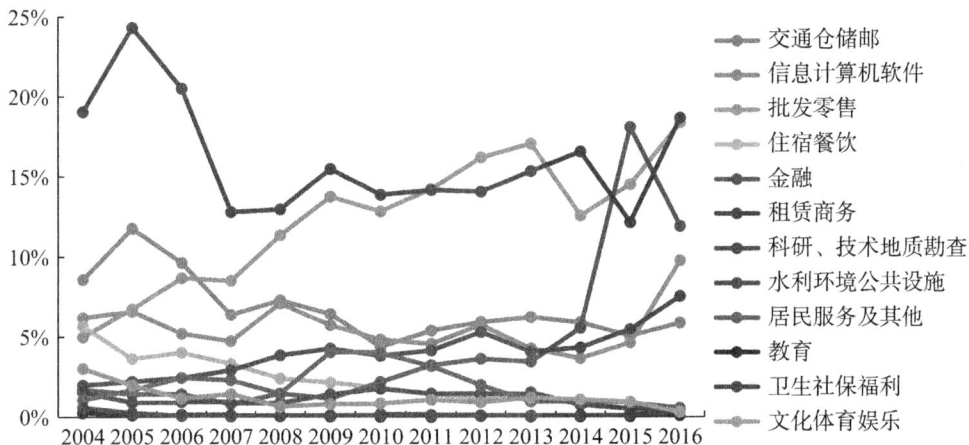

数据来源：历年《中国统计年鉴》

图 5.4　外商直接投资中服务业各行业所占比重

　　注：房地产外商投资比例较大，未在图中给出。房地产 2004—2016 年具体数值为 40.14％、35.18％、39.96％、54.39％、47.62％、42.83％、46.64％、45.43％、41.33％、42.70％、45.97％、35.06％、22.76％。

　　由于地理位置优势,东部沿海地区在开放之初吸引了大量外资,中西部则吸收外资较少。东部地区基础设施和产业配套很完善,人力资源以及制造业发达,使得对服务业的需求量大且服务业市场大。东部沿海地区外商投资集中于房地产、批发和零售、租赁和商务服务、金融以及计算机和信息服务业,西部主要集中于房地产、金融、租赁和商务服务及交通运输,中部集中于房地产、租赁和商务服务、批发和零售以及交通运输仓储业。东部地区占总外资的比例上升到90%以上,年均增长幅度在9.4%左右,而中西部占外资比例较低,年均增长幅度也远低于东部地区。

　　影响外商投资的主要因素有基础设施、政策便利、宏观环境。

　　基础设施是经济发展的基础,是一个国家或地区提高经济发展速度的首要前提,外商投资偏向于基础设施完备的地区。

　　金融、电信、交通以及公共事业等服务业对我国人民群众日常生活有着重要的影响,出于安全方面的考虑,我国在这部分服务业的外商投资有严格的限制。这些服务行业不会对外资完全取消限制,因此服务业的外商直接投资政策也是外商直接投资的影响因素。

　　投资的盈利性也是外商投资的主要因素。市场规模和潜力越大,未来盈利就越多,外商直接投资也就会越多。另外,市场风险和自由化程度是外商直接投资考虑的因素。

第四节　生产性服务贸易对中国制造业全要素生产率的影响

　　随着世界的发展,技术研发、信息服务等生产性服务业对制造业的贡献越来越大,要想提升制造业的生产率和竞争力,必须对技术研发等生产性服务业的要素投入进行提升。目前,在我国经济中,服务性投入相对还较少,这种情况必然会制约着制造业生产率的提升。因此,要通过大力发展生产性服务贸易来提升制造业全要素生产率,实现生产要素的充分利用,提升国际市场中"中国制造"和"中国服务"的影响力。

　　生产性服务贸易进口就是通过引入国际先进的技术等生产性服务要素为本国制造业服务,即不再局限于国内市场,从国际市场中购买所需的服务。因此生产性服务贸易对制造业生产率的影响实质上就是通过国际贸易中的比较优势理论的贸易补充效应、竞争效应、规模经济效应和国际分工协同合作效应提升制造业全要素生产率。

要想测算制造业全要素生产率,必须要构建投入产出指标,才能通过投入产出模型得到。为了探究全要素生产率与生产性服务业的关系,建立二者之间的方程,进行实证分析,结果显示①:

金融服务、信息服务、科技服务、其他商业服务对中国制造业全要素生产率呈现出显著的推动作用,运输服务业对其当期作用为负向影响。继续坚持服务业对外开放,对制造业全要素生产率的提升很有益处。生产性服务业各行业的跨境贸易对中国制造业全要素生产率有显著的正向作用,除了其他商业服务外,各行业跨境贸易对全要素生产率的作用要比生产性服务业本身的作用更强。这也就是说,如果国际市场中生产性服务业较好,引入国内时对我国全要素生产率的提升效果会更好,生产性服务业中各行业更应该通过跨境服务贸易,发展各自的服务业。

从分行业的效果看,虽然大部分服务业本身对制造业全要素生产率的即期效应不显著,但就像固定资产投资等,外商直接投资也存在滞后性,外商直接投资的效应会在未来几年显现出来,可以继续加强吸收外商投资,发挥外商投资的溢出效应。

生产性服务业各行业贸易进口对制造业全要素生产效率的影响各异:运输服务业正向影响规模效率,对技术效率无作用,负向影响技术进步;信息服务负向影响制造业规模效率、技术效率,正向影响技术进步;金融服务业对技术效率和规模效率呈现出正向影响,但作用较小,负向影响技术进步;科技服务业正向影响技术效率和规模效率,负向显著影响技术进步;其他商务服务正向影响技术进步和技术效率,负向影响规模效率。

基于以上分析,对技术变化较快的制造业,应加大运输、金融和科技服务的跨境贸易,信息和其他商业服务等商业本身等能显著促进技术进步的进口;对于技术创新较慢的行业,应注重改善技术效率的生产性服务业的引进,比如运输、信息、其他服务的跨境贸易和金融及科技服务等,从而对已引进的技术进行吸收利用;对于能促进规模效率提升的生产性服务业,比如信息和其他服务的跨境贸易或者科技服务,加强进口引进,从而使制造业达到更优的生产规模。

---

① 邱爱莲,崔日明.生产性服务贸易对中国制造业 TFP 提升的影响:机理与实证研究——基于面板数据和分行业进口的角度[J].国际经贸探索,2014,30(10):28-38.

第五节　生产性服务业 FDI 与制造业出口技术进步关系

服务业 FDI 对产业结构和产业高级化具有显著的作用,生产性服务通过贸易和外商直接投资,对本国的生产性服务业的技术、规模等引进,使得本国制造业竞争力增强,同时各国更专注于专业化分工,从而实现生产率的提升,促进制造业产品技术结构的升级。生产性服务业 FDI 和服务贸易已经成为各国提升出口规模和优化出口贸易的主要途径。生产性服务业的技术进步,需要知识经济的支持,只有知识提升,才能促进技术创新和进步,知识产权保护逐渐成为推动技术创新和知识生产不可或缺的制度安排以及提升出口贸易质量的重要因素。相比制造业进入高壁垒,服务业在各方面都容易被复制和模仿,进入壁垒相对较低,其知识产权保护难度较大。

生产性服务业是制造业产出的中间投入产品,其技术的高低也就决定了制造业附加值的高低。服务业外商直接投资倾向于流向知识和技术密集型产业,其技术溢出效应有助于提升国内服务业发展的技术水平,为国内带来先进技术,带动生产性服务业大发展,间接影响着制造业出口质量,因此有必要对生产性服务业 FDI 能否提升制造业出口技术进步的问题进行探讨。刑彦等[①]从区域知识产权保护视角,通过构建生产性服务业 FDI 驱动制造业出口技术进步提升的非线性动态门槛模型,对 2006—2015 年全国各省面板数据进行非线性动态分析,得到如下结论。

交通运输、仓储和邮政业和批发零售业的外商直接投资促进制造业出口技术进步上不存在门槛效应,科学研究 FDI、信息服务 FDI、金融业 FDI、租赁和商业服务 FDI 对制造业出口技术进步存在着显著的知识产权保护双重门槛效应,其各自的门槛值和促进显著作用依次降低。在各省市的度量中,仅有江苏和浙江两省处于知识产权保护水平的最优区间。从侧面说明了知识产权保护强度并非越强越有利于促进生产性服务业 FDI 对制造业出口技术进步的提升作用。

信息服务、金融业、科学研究、租赁和商业服务 FDI 对制造业出口技术进步受到知识产权保护强度的影响,在不同的知识产权保护力度下,其对制造业出口技术

① 邢彦,张慧颖. 生产性服务业 FDI 与制造业出口技术进步——基于知识产权保护的门槛效应[J].科学学与科学技术管理,2017,38(08):29 - 45.

进步的驱动机制也不尽相同：在知识产权保护强度处于较低时，信息服务、金融业、科学研究、租赁和商业服务 FDI 对制造业出口技术进步作用不显著；在中等强度的知识产权保护水平时，信息服务、金融业、科学研究、租赁和商业服务 FDI 对制造业出口技术进步具有正向显著作用；在高强度的知识产权保护水平时，信息服务 FDI 有不显著的负向影响，金融业 FDI 有正向不显著影响，科学研究 FDI 有显著正向影响，但弹性系数已经下降，租赁和商业服务影响程度下降，并且是不显著影响。

在滞后一期时，制造业出口技术进步对出口技术进步有正向显著影响。另外，人力资本、制造业进口、贸易开放度与物质资本投入对制造业出口技术进步的提升均具有显著的正向作用，科学研究、信息服务、金融业等 FDI 对出口技术进步提升有正向显著影响，租赁和商业服务 FDI 中研发作用呈现不显著影响。

第六节　服务业 FDI 与服务贸易间的关系

20 世纪 50 年代，蒙代尔（Mundell）首次在贸易和投资的模型中对服务和贸易的关系进行研究。马库森（Markusen）在蒙代尔（Mundell）的基础上假设贸易国家间存在技术差异时，产品之间就会存在价格差异，价格差异则是生产要素在国际市场中进行流动的原因，价格差异促进了贸易的进行，即贸易和投资之间存在着互补的模型。目前的研究成果表明，全球化的过程中，服务业 FDI 和服务贸易之间存在显著的互补作用已经形成了共识。

随着科学技术的快速创新发展以及国际间贸易自由化的加速，服务业在各个国家间的直接投资呈现出快速发展，在我国尤其明显，从以前的引进来，逐渐开始走出去。因此，国家间的外商直接投资已经成为影响世界分工体系和产业结构发展的重要因素，发达国家跨国公司受国内竞争激烈的影响，一直在增加对外直接投资，新兴市场国家则利用国内落后的发展水平，吸引着大量的外商投资，近年来中国就吸引力了大量服务业跨国公司直接投资。

近些年，外商直接投资中的大部分投向了服务业。这是由于服务业产品要比传统的制造业具有低污染、高附加值等特点。虽然近些年中国服务业在全球中的地位在提升，但服务贸易出口竞争力仍然较弱，服务贸易逆差也在扩大，需要寻找新的服务贸易增长点，扭转服务贸易逆差的现状。故有必要对中国服务业 FDI 对服务贸易的出口效应进行深入细致研究，对以往经验进行总结，为未来发展提供借鉴。

关于服务贸易和服务业 FDI 之间的关系,学者做了大量研究。

1. 陈修兰等[1]对服务业 FDI 和服务贸易出口、进口的研究结果

服务业 FDI 与服务贸易之间存在长期的双向因果关系。服务业 FDI 每增加 1%,服务贸易出口额、进口额将平均分别增加 0.63%、1.05%,服务业发展过程中服务贸易进口的效应大于出口效应,这也与我国目前情况相符,吸引外资的同时,我国的服务贸易逆差在扩大。通过向量误差修正模型,发现服务贸易出口和服务业 FDI 的上一期影响着下一期的变化,非均衡误差以 0.198 的速度向长期均衡靠拢。另外,服务业出口以非均衡误差 0.473 的反向速度向服务业 FDI 进行修正,服务业 FDI 以非均衡误差 0.072 3 的反向速度对服务业进口进行修正,服务业进口以非均衡误差 0.447 的反向速度对服务业 FDI 同样进行修正。

在方差分解中,服务贸易出口(进口)上一期对下期的贡献度维持在 90%—95%左右,但呈现出下降趋势。服务业 FDI 对服务贸易出口(进口)的贡献先升后降,稳定贡献度在 5%左右;服务贸易出口(进口)对服务业 FDI 的贡献在上升,服务业 FDI 自身的贡献在大幅下降,服务贸易进出口对服务业 FDI 的重要程度在上升。

在因果关系上,服务贸易出口发展与服务业 FDI 的双向格兰杰原因,服务业出口发展是服务业 FDI 发展的格兰杰原因。服务业 FDI 发展正向影响服务贸易发展,为推动我国服务业的发展提供了参考。服务业 FDI 在引入时,应考虑流入区域和行业加以引导,从而对其作用充分利用。

2. 刘东升[2]关于进口贸易与服务业 FDI 的研究结果

服务业 FDI 发展正向显著影响服务进口贸易,与陈修兰研究的结果保持一致,在此不再重述。与陈修兰的研究不同,刘东升分析了服务业总值对服务业进出口和服务贸易进出口之间的影响。

服务生产总值对进口具有显著的正影响,服务生产总值每提高 1%,服务贸易进口将平均增加 0.522%。服务业总值的增加,意味着中国产业结构的升级和经济水平的提升,人民对服务的需求也在提升,但我国服务业供给产品相对落后,需要大量的国外高级服务产品来满足服务产品需求。

---

① 陈修兰.服务业 FDI 与服务贸易:基于我国 1997—2014 年数据的实证[J].南京航空航天大学学报(社会科学版),2017,19(03):31-37+45.

② 刘东升,王春艳.进口贸易与 FDI:服务业的实证研究[J].国际商务(对外经济贸易大学学报),2015(01):36-44.

服务贸易进口和出口之间存在显著的负相关,服务贸易的出口增加,意味着我国服务业在国际市场中竞争力的增强,对国外服务品的需求在减小,服务贸易进口减小也就可以理解了。反之,服务贸易进口增加,意味着国内服务贸易竞争力在减弱,需要更多的国外服务产品。

货物进口贸易显著正向影响服务进口贸易,货物进口贸易水平拉动了服务进口贸易水平,货物贸易和服务贸易之间存在较强的关联性。在对外开放的过程中,应注重服务贸易和货物贸易共同协调发展,互相促进。

服务业在未来的经济发展中必将变得越来越重要,未来我国经济增长的相当一部分将会来自服务业的发展。所以,要进一步开放国内的服务业市场以便于吸引更多的 FDI 投入,以此为依托更好地通过服务业外商投资增加促进服务贸易的发展。

3. 胡飞[①]关于服务业 FDI 对中国服务贸易的研究结果

我国服务业 FDI 的规模正向显著影响服务业产品出口水平,服务业 FDI 水平正向显著促进服务贸易发展。和前面的研究不同,胡飞的研究成果从服务业企业规模、城镇单位就业人员工资对服务业贸易的影响进行了分析。服务业企业平均规模水平正向影响服务业产品出口规模,服务业城镇单位就业人员平均工资反向影响服务业产品出口,平均来说,服务业就业工资每提高 1%,服务业产品的出口规模将平均下降 2.354%,弹性系数较高。

目前,我国的劳动力资源优势已经在国际市场中丧失,而全球对服务业产品需求在上升,我国传统制造业对外资的吸引力已经显现出乏力趋势,服务业正成为跨国公司投资的热点。在未来,随着中国在服务业上对外商投资管制的放松,服务业外商投资的潜力将会进一步释放,外商在国内的投资份额将会进一步激发。

通过以上分析,我国应一方面放开服务业的管制,不断挖掘国内市场潜力,依托国内优势生产要素,推动国际市场上服务业产品的竞争力。另一方面,利用其他国家产业结构调整和发达国家服务业国际化进程契机,引进外资,提升服务业外商投资水平和质量,为跨国公司的投资提供便利,推动我国服务业产品在国际市场上的竞争力。

---

① 胡飞. 服务业外商直接投资对中国服务贸易出口的影响——基于行业面板数据的实证研究[J]. 经济问题探索,2015,(6):71-75.

第七节　服务业 FDI 对就业影响的区域差异

发达国家的发展经验表明,服务业会成为一国国民经济增长的重要推动力,世界各国也在不断优化服务业的发展。在我国经济发达的地区,比如上海、北京、广州等城市,服务业已经成为城市经济增长的主要动力。随着服务业的发展,服务业的吸纳就业能力也越来越强,对人力资本和劳动生产率及就业结构的影响越来越大。而在中国服务业的改革发展历史以及劳动力红利消失的经济新常态下,服务业是目前解决就业问题的主要也是最重要的途径。在中国经济的发展过程中,外商直接投资对经济增长的作用毋庸置疑,即使在目前我国经济发展水平下,服务业 FDI 仍然是推进就业的必不可少的推动力量。

服务业 FDI 主要通过工资报酬和就业结构对就业产生影响。服务业 FDI 可以通过提供工作岗位,增加就业机会,提升就业。但也可能在就业结构上,提高相关行业个体员工的附加值,改善就业质量,或者提高生产力等,从而使国内对应产业产生挤出效应:提高行业工资,使国内产业中劳动力成本增加,企业负担增加,减少雇佣人数,对就业产生抑制效应。

从省级层面的服务业 FDI 的就业效应研究发现[①]:

服务业 FDI 整体上对就业产生了促进作用,经济发达的沿海地区和南部地区服务业 FDI 的就业促进效应较弱,在经济相对欠发达的内陆地区和北部地区就业效应较强。这是由于沿海地区和南部地区技术水平较高且市场竞争激烈,技术溢出效应和竞争效应使对从业人员要求较高,促进就业能力较弱。而内陆和北部地区,经济欠发达,技术水平较低且市场竞争较弱,外商直接投资对就业的促进效应更明显。另外,城镇工资水平、城镇化水平的提高并没有有效提升整体就业,资本存量也制约了总体就业水平的提升。

在省际层面,服务业 FDI 就业效应存在区域差异,无论是直接就业效应还是间接效应。沿海地区的省市服务业 FDI 就业效应显著为负,内陆地区服务业 FDI 有不显著的正向影响。相对于开放较早、开放水平较高和经济发展相对发达的省市中服务业 FDI 抑制了就业,开放较晚、开放水平较低以及经济发展相对落后的内陆

① 李杨,蔡卓哲,邱亮亮.中国服务业 FDI 对就业影响的区域差异——基于 25 个省市数据的实证研究[J].人口与经济,2017(01):85-94.

地区服务业 FDI 仍能一定程度上促进就业。

经济发达地区,服务业产业转型升级速度较快,产值较大,占比较大,地位重要,服务业 FDI 的进一步增长反而对原有产业形成新的竞争,挤出国内原有相关产业的就业,对就业产生抑制效应。经济学原理表明,经济增长仍然是解决就业的决定性作用,保障就业的最有效手段依然是促进经济快速增长,只有不断实现经济增长,才能促进国内就业。另外,在北部沿海地区,资本存量增加和城镇化提升能够显著促进就业;在其他地区,劳动力供给与产业结构转型的劳动需求不匹配形成结构性失业,抑制了就业。同时,劳动力红利消失,劳动力高成本压力是目前国内解决就业的难题。

基于以上分析,各地区应制定差异性的服务业 FDI 政策,保证各地区就业稳定增长。服务业 FDI 更应偏向于内陆地区,能更有效地提升就业水平。中西部地区应加强对外开放,吸引外资,提高就业水平。沿海地区向内陆地区梯度转移制造业企业,内陆地区通过发展制造业,带动服务业发展。沿海地区应对原有的服务业和服务业 FDI 结构进行优化,加大技术与知识密集型服务业 FDI 引进力度,如金融服务业、科学研究与技术服务、文化、体育和娱乐业、商业服务业以及医疗服务等高附加值服务业。

从行业角度对服务业 FDI 的就业效应的研究发现①:

服务业外商直接投资正向影响各行业的就业效应,FDI 水平的提高对就业水平的提升有积极作用。服务业 FDI 在进入中国时,更偏向于中国拥有相对廉价的熟练劳动力领域,同时通过高工资来吸引行业熟练劳动力,外商直接投资也可以通过对员工培训,提高劳动力资本。另外,服务业 FDI 对男性劳动力就业结构的影响程度要高于女性。服务业 FDI 对中低技术行业的就业结构优化更加明显,对中高技术行业就业结构却产生了不利影响。与国内企业相比,外资企业在进入中国时,往往比中国同行业拥有竞争力优势,使中国企业在竞争中落后,导致中高技术行业的熟练劳动力需求减少。另外,外资企业在进入中国时,往往拥有行业技术优势,在进入中国时,具有较高的技术保密度,为避免技术外漏,外资企业利用技术和投资来代替劳动力投入,使得东道国服务业行业就业效应减弱。

---

① 张志明,崔日明.服务贸易、服务业 FDI 与中国服务业就业结构优化——基于行业面板数据的实证检验[J].财经科学,2014,(3):88-95.

第六章

我国产业结构与消费结构现状

第一节　中国产业结构发展总体状况

2018 年中国宏观经济总体呈现稳中向好的态势,供给侧结构改革取得了较大的成效,产业发展提速,产业结构在调整之中,创新驱动发展,经济增长的新动力已经有了明显的增强。但随着居民追求美好生活需求的不断扩大,以智能化、数字化、互联网等为代表的新技术革命的进展,作为供给方的我国现行产业体系及其结构依然有必要进一步调整转型升级,以适应未来发展。

一、三次产业发展的总体状况

2018 年,伴随着世界经济同步复苏、供给侧改革持续发力、经济新动能加快形成,中国宏观经济发展态势良好。本节主要利用中国国家统计局能够提供的各类最新数据,分析研究我国三次产业发展的总体状况以及三次产业内部各自的发展现状与问题。

目前,我国产业结构不断优化,制造业向产业价值链的中高端迈进,高技术产业、装备制造业增加值继续保持较快的增长。现代服务业也在加快增长,呈现出良好的发展势头,生产性服务业、科技服务业均保持较快的增长速度。与此同时,产业发展也促进企业效益保持较快增长,经济提质增效态势良好。总的来看,无论是从增长指标,还是结构、质量、效益的指标来看,我国三次产业当前延续着稳中向好的发展态势,并且在向高质量发展迈进。

1. 从比重看,第三产业比重持续增加

经济增速保持平稳。2018 年国内生产总值首次突破 90 万亿元,达到 900 309

亿元,按可比价格计算,同比增长 6.6%,增速比上半年略有降低,比上年同期减慢 0.3 个百分点。第四季度,国内生产总值同比增长 6.4%,经济连续 13 个季度运行在 6.0%～6.9% 的区间,保持中高速增长。从环比看,第四季度取得 GDP 增速 1.5%,相比第三季度下降 0.1 个百分点。

第三产业比重持续上升。分产业看,2018 年,第一产业增加值 64 734.0 亿元,同比增长 3.5%;第二产业增加值 366 000.9 亿元,增长 5.8%;第三产业增加值 469 574 亿元,增长 7.6%(见图 6.1)。

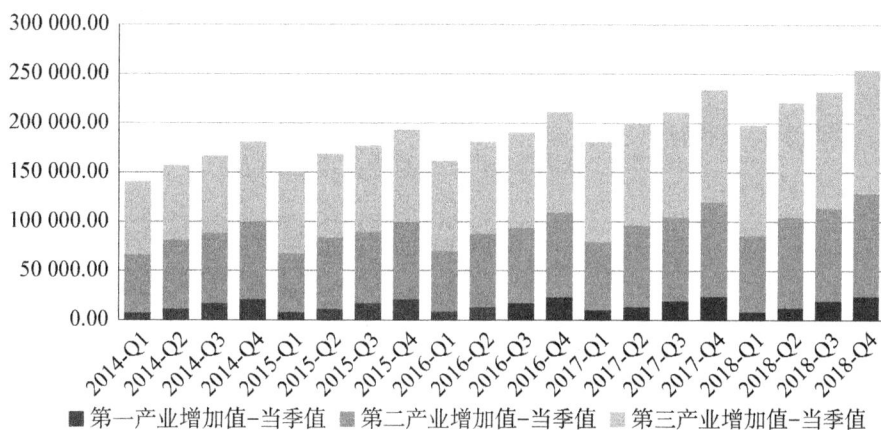

资料来源:国家统计局。

图 6.1　我国三大产业季度增加值(亿元)

截至 2018 年第四季度,第一产业对 GDP 累计同比的贡献率为 4.2%;第二产业对 GDP 累计同比的贡献率为 36.1%;第三产业对 GDP 累计同比的贡献率为 56.7%(见图 6.2)。从近 5 年的表现来看,第一产业贡献率基本保持稳定,受季节因素影响,春夏两季贡献率较低,在 3% 以下,秋冬两季较高,一般在 3.5% 以上。第二产业贡献率呈现逐步下降趋势,而与此相对的则是第三产业贡献率逐步上升,大约有 10 个百分点的贡献率转移,第三产业贡献率已超过六成。

2. 从增速看,第二产业增速平稳,部分服务业增长势头迅猛

(1)第三产业增加值继续高速增长。

2014 年以来第一产业增速存在较为明显的季节性周期变动,总体平稳,2018 年与往年相比略有下降。第二产业在 2015 年出现一次较为明显下降之后,2018 年也出现了比较显著的回落。与第二产业形成鲜明对比的就是第三产业,从 2014 年第一季度的旗鼓相当,到 2018 年第四季度已经拉开到了 2.6 个百分点的差距(见图 6.3)。

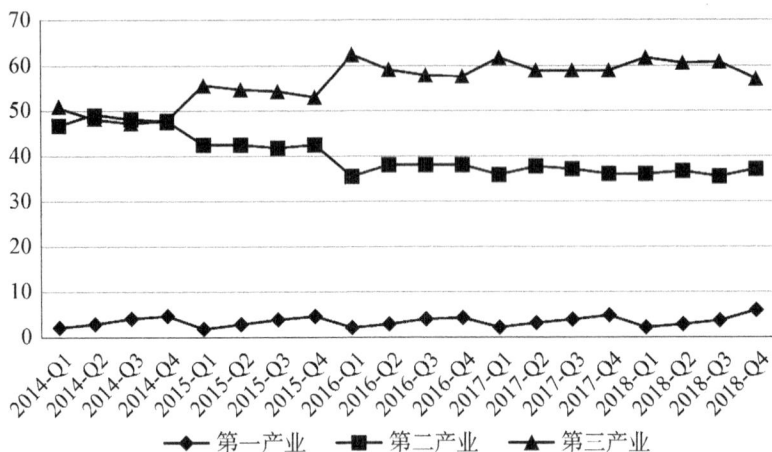

资料来源：国家统计局。

图6.2　我国三大产业季度 GDP 贡献率(%)

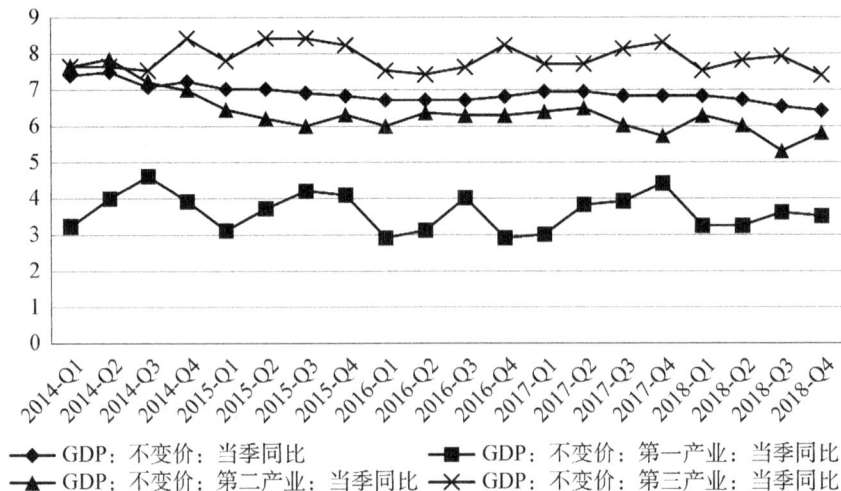

资料来源：国家统计局。

图6.3　我国三大产业季度增加值同比增速(%)

（2）工业增加值增速平稳，运行向好。

近三年工业增加值比较平稳，稳定在 6% 左右，略低于 GDP 整体增速，2018 年最后两个季度工业增加值同比增速低于 6%（见图 6.4）。工信部副部长辛国斌 2018 年 10 月 23 日在国新办发布会上说，我国制造业运行向好，企业效益持续改善。2018 年前三季度制造业增加值同比增长 6.7%，前 8 个月制造业实现利润同比增长 13.5%。技术改造投资、新动能投资势头较好，表明企业改造升级意愿加

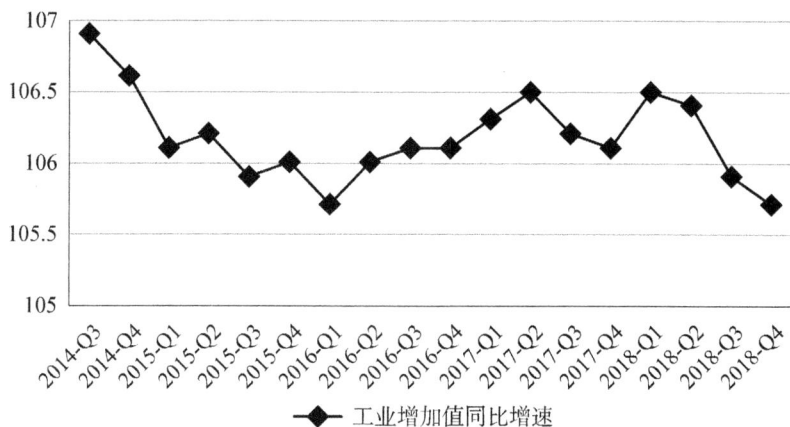

图6.4　我国工业季度增加值同比增速（％）

强，动能转换步伐加快。

产业发展不断升级，结构性去产能成效较明显。工业向中高端迈进，2017年全年高技术制造业增加值增长13.4％，占规模以上工业增加值的比重为12.7％。装备制造业增加值增长11.3％，占规模以上工业增加值的比重为32.7％。2017年新能源汽车产量69万辆，比上年增长51.2％；智能电视产量9 666万台，增长3.8％；工业机器人产量13万台（套），增长81.0％；民用无人机产量290万架，增长67.0％。说明随着产业结构优化升级，工业向价值链中高端延伸。2018年前三季度工业不断向中高端升级的趋势不减，高技术产业和装备制造业增加值同比分别增长11.8％和8.6％，明显快于工业整体。新能源汽车、智能电视产量分别增长54.4％和19.6％，钢铁和煤炭行业产能利用率分别达到了78.1％和71.4％。

（3）服务业细分行业增速分化明显。

就服务业的细分行业来看，信息传输、软件和信息技术服务业增长势头迅猛，自2015年以来实现快速发展，2018年有所回落，但仍然在2018年第四季度增加值增速接近30％。交通运输、仓储和邮政业得益于我国基础设施建设不断完善，以及电子商务平台的不断渗透，其增加值同比增速呈现出稳步增长的态势，2018年第四季度增速为8.7％。2018年前十个月，全国网上零售额7.05万亿元，按年增长25.5％。其中，实物商品网上零售额5.41万亿元，增长26.7％，占社会消费品零售总额的比重为17.5％，比上年同期提高3.5个百分点；非实物商品网上零售额1.64万亿元，增长21.8％。房地产业受"房住不炒"等政策影响，增加值增速出现下滑趋势，已基本保持平稳，2018年第四季度增速为2％。金融业受"去杠杆"等防风险政策影响下,在 2015 年开始持续下滑,但在 2018 年第四季度有所反弹,增速为 6.3%。其他服务业在 2017 年区间内有升有降,波动频繁(如图 6.5)。2018 年1—9 月,规模以上战略性新兴服务业、科技服务业和高技术服务业企业营业收入按年分别增长 15.6%、15.4% 和 13.8%。

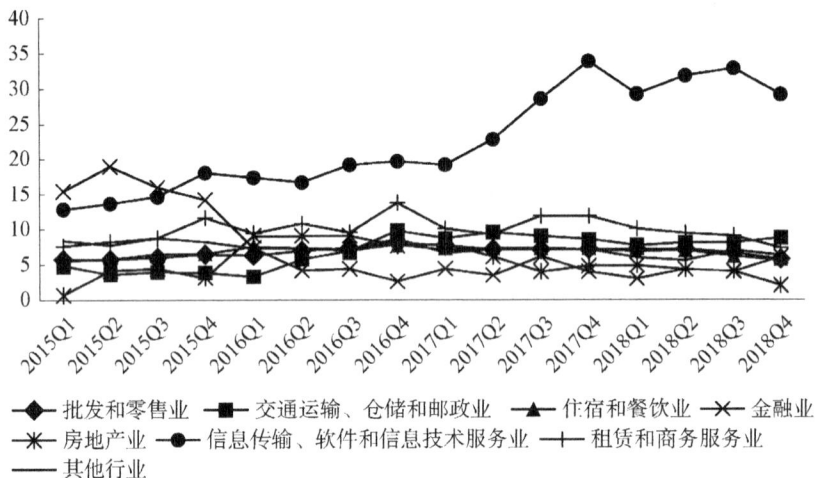

资料来源:国家统计局。

图 6.5　我国第三产业细分行业季度增加值同比增速(%)

3. 从固定资产投资看,第二产业增速最低

2017 年,全国固定资产投资(不含农户)641 238.39 亿元,同比增长 5.7%,增速比上年同期回落 2.2 个百分点。固定资产投资同比增速自从 2015 年呈现逐月下滑趋势,到 2018 年第四季度已经基本企稳,增速有望回升(见图 6.6)。

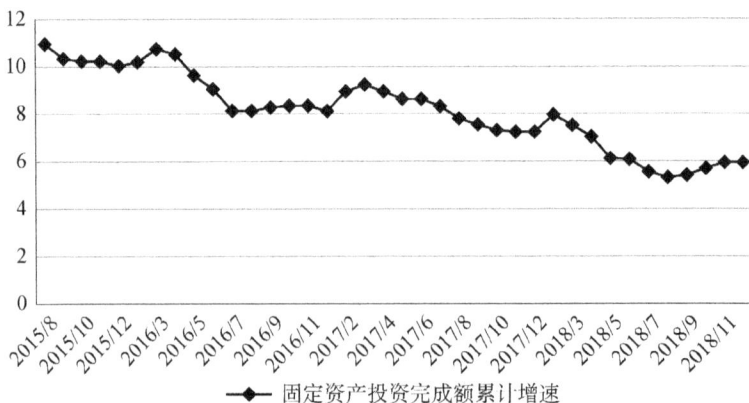

资料来源:国家统计局。

图 6.6　我国固定投资完成额累计月度增速(%)

（1）分三次产业看,第二产业投资增速最低,但已进入上升通道。

第一产业固定资产投资增速最高,但在 2018 年有较大幅度的回落,由 2 月的 27.8% 下降到 12 月的 12.9%。第二产业的固定资产投资增速一直是最低的,但 2018 年开始处于逐月上升的趋势,并在 12 月的增速已经超过第三产业,比第三产业高出 0.7 个百分点。第三产业的固定资产投资增速在 2018 年之前基本保持 10% 以上,但是在 2018 年之后进入下降空间,2018 年 12 月已经下降到 5.5%（见图 6.7）。

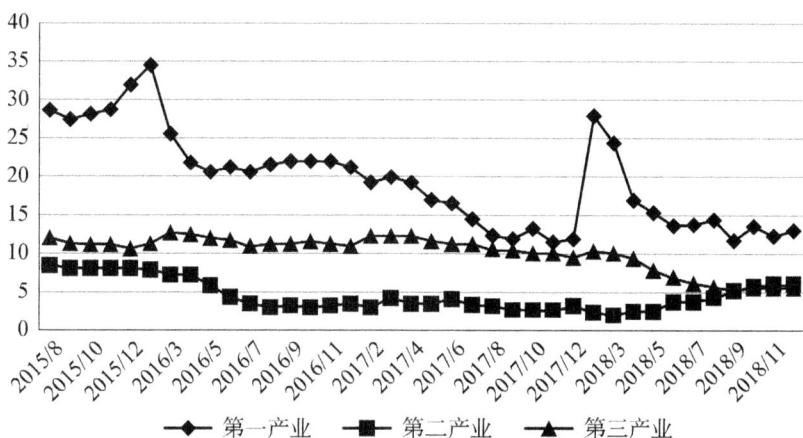

资料来源：国家统计局。

图 6.7　我国三大产业固定投资完成额累计同比月度增速(%)

（2）第二产业中的投资结构也在不断优化。

2017 年高技术产业投资比上年增长 15.9%,工业技术改造投资增长 16.3%,增速分别比固定资产投资(不含农户)快 8.7 个和 9.1 个百分点。在 2018 年前三季度制造业诸多指标中,投资成为亮点。2018 年前三季度,制造业投资同比增长了 8.7%,增速连续 6 个月在加快,比去年同期提高了 4.5 个百分点,这是该年整个工业运行中最令人欣喜的一个变化。前三季度,制造业民间投资同比增长 9.5%,比制造业投资高 0.8 个百分点,同比提高 5.3 个百分点。民间投资信心增强,证明了党中央、国务院出台的一系列提振民间投资的措施取得了实实在在的成效。制造业技术改造投资同比增长 15.2%,高于制造业投资增速 6.5 个百分点,成为拉动制造业投资的主要力量。高技术制造业领域投资同比增长 14.9%,装备制造业领域投资同比增长 9.9%,分别比全部制造业投资高 6.2 和 1.2 个百分点,这也是制造业投资结构优化的表现。

2018 年 1—12 月份,从第二产业的细分行业来看,制造业固定资产投资额累计增长率保持稳步的增加,到 2018 年 12 月已经接近 10%。电力、热力、燃气及水的生产和供应业虽然在 2018 年的固定资产投资额累计增长率为负数,但呈现了前期下降,后期回升的趋势。而建筑业的固定资产投资额累计增长率也是始终为负数,并且全年出现了较大幅度的波动(见图 6.8)。

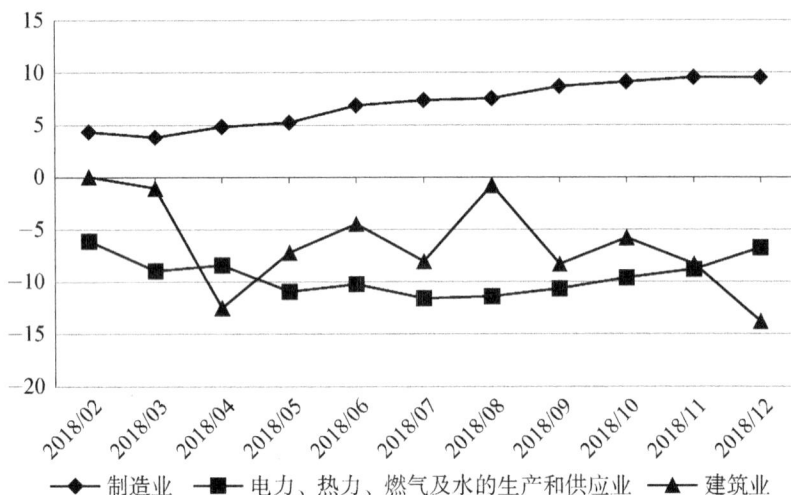

资料来源:国家统计局。

图 6.8   我国第二产业细分行业月度固定投资额累计增长率(%)

(3)第三产业固定资产投资保持稳定增速。

第三产业中高技术服务业投资增速加快,社会领域服务业投资增长较快,民间投资保持较快增长。2018 年前 8 个月,高技术服务业投资增长 10.1%,增速比全部服务业投资高 4.6 个百分点。高技术服务业中,电子商务服务业投资增长 101.2%,科技成果转化服务业投资增长 29.4%,环境监测及治理服务业投资增长 28.5%。社会领域投资增长稳健。2018 年 1—8 月份,社会领域投资增长 12.1%,增速比全部投资高 6.8 个百分点。其中,教育投资增长 8.3%,卫生投资增长 11.1%,文化、体育和娱乐投资增长 18.7%。2018 年 1—8 月份,民间投资同比增长 8.7%,增速比 1—7 月份小幅回落 0.1 个百分点,但比去年同期高 2.3 个百分点。民间投资中,服务业投资增长 9.4%,增速比全部民间投资高 0.7 个百分点。

2018 年以来,第三产业中的重点细分行业大体呈现固定资产投资额累计增长率缓慢下降的趋势,其中批发和零售业、金融业始终处于负增长区间,住宿和餐饮业也经过较大下滑之后进入负数区间。社会生活类服务业固定资产投资处于高位空间,一直保持在 10% 上下,其中文化、体育和娱乐业基本维持在 20% 左右。信息

传输、软件和信息技术服务业与交通运输、仓储和邮政业保持较为一直的增速,到
2018 年 12 月已经回落到 4% 左右(见图 6.9)。

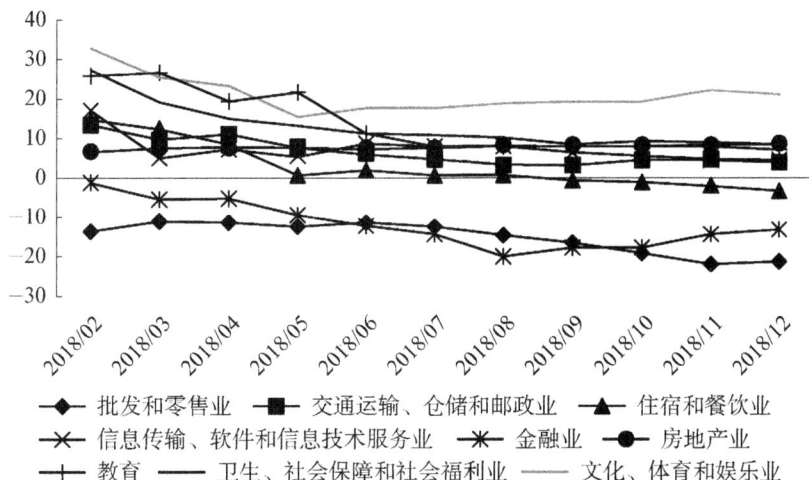

资料来源:国家统计局。

图 6.9　我国第二产业重点细分行业月度固定投资额累计增长率(%)

二、传统产业与新兴产业发展状况

1. 新兴产业保持较好发展预期

当前,我国经济发展由高速增长阶段转向高质量发展阶段。战略性新兴产业
建立在重大前沿科技突破基础上,代表未来科技和产业发展新方向,虽处于成长初
期,但未来发展潜力巨大,对经济社会发展具有全局带动和重大引领作用,战略地
位也日益显现。中国科学技术发展战略研究院、中采咨询联合发布的中国战略性
新兴产业采购经理指数(Emerging Industries PMI),作为我国唯一一套战略性新
兴产业数据,反映了我国经济新动能的发展态势,客观反映了我国经济质量的提
升,为监测高质量发展提供了新的指标体系。2017 年 9 月以来,战略性新兴产业
与制造业采购经理指数虽然波动起伏较大,但战略性新兴产业采购经理指数基本
保持在 50 以上且明显高于制造业总体水平。其中只有两个月份低于 50,但是有 4
个月份能够达到了 60(见图 6.10)。

新兴产业蓬勃发展取得的成绩表现为:一是增长快。过去五年战略性新兴产
业年均增长超过 15%,约是 GDP 增速的两倍;二是质量优。战略性新兴产业利润

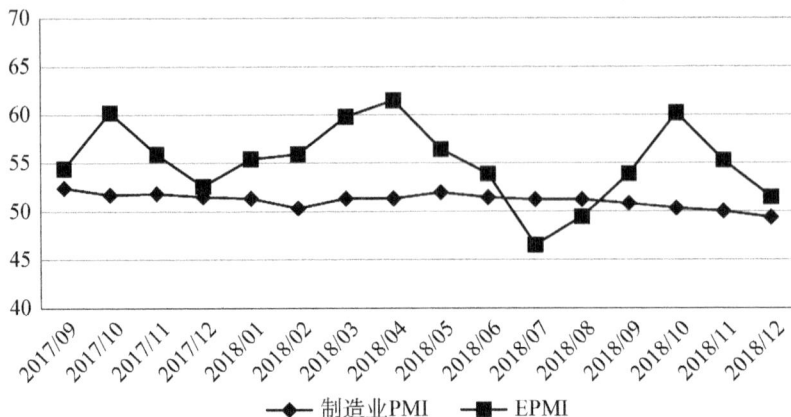

资料来源：国家统计局。

图 6.10   我国月度制造业 PMI 与战略新兴产业 EPMI(%)

率不断提升,在通信设备、互联网、基因测序、高铁等关键领域涌现了一批全球领先企业,部分产业已具备较强国际竞争力;三是创新活动。共享单车、网络租约车等共享经济被誉为新时期"中国名片",智能手机、无人机、新能源汽车等新产品不断涌现;四是带动强。一些省市战略性新兴产业占比提升较快,成为区域经济持续发展的重要支撑,深圳市战略性新兴产业增加值占 GDP 比重目前已超过 40%。

战略性新兴产业 EPMI 的新产品投产常年均值在 63 以上,研发活动指标常年均值在 60 以上,企业产品不断更新迭代,技术进步不断形成新的供给,科技不断形成新动能,提升了企业效益。

首先,EPMI 研发活动和新品投产指标长期高于订单和产量指标,技术新供给带来更多增量收入,企业才能够持续研发。新兴产业 EPMI 的新产品投产均值在 63 以上,研发活动常年高于 60,EPMI 新订单和生产量常年均值则位于 58 左右。科技、需求、生产之间是相互调动的关系。一方面,科研成果和新兴技术调动了新的供给,新产品投产增加,则生产量扩张,新品投入对生产量具有一定的领先指示。另一方面,人民美好生活需求,倒逼企业产品升级、进一步加快新技术供给,新订单与研发活动、新品投入指标联动关系很强。

其次,传统制造业与新兴产业不断融合,推动了我国整体经济的技术含量和增长质量不断提高。对比不同产业的新品投产指标,可动态监测新动能发展。从新兴产业和制造业新产品投产数据对比可以看出,新兴产业明显高于传统制造业且二者扩张呈现边际放缓趋势。早期新兴产业新品投产指标曾高于传统制造业 6 个百分点;但 2016 年以后新兴产业与制造业的新品投产指标差逐步缩小到 2,新兴产业的新品最终成为制造业的产品。

新时代背景下,创新驱动激励企业重视研发和新品投入,是企业提质增效的有效途径,有利于我国经济转型升级、经济增长质量提升。方兴未艾的新兴产业影响并引领着供给侧结构性改革,促使中国经济增长的内涵与质量发生一系列深刻变化。在当前中国经济换挡升级、引擎更迭的关键时期,这股加速崛起积聚而成的新动能,不仅在经济"爬坡过坎"的过程中发挥着愈发关键的支撑作用,也昭示了中国经济这艘"巨轮"破浪前行的广阔前景。

2. 供给侧改革初显成效,传统行业开始复苏

随着供给侧改革和去产能的不断推进,产业结构优化及新旧动能持续转换,积极成效逐步显现。一方面,坚持市场化、法治化手段去产能,2018年提前超额完成全年压减钢铁产能3 000万吨以上,退出煤炭产能1.5亿吨以上的目标任务。另一方面,代表性传统产业效益明显改善,利润率有效提升。2018年五大传统产业利润率显著高于同期工业企业总体利润率,只有电力、热力、燃气及水生产和供应业在下半年略低于工业整体水平。黑色金属冶炼和压延加工业利润总额在2018年12月达到4 029.30亿元,而2017年同期只有2 924.50亿元,同比增长了37.79%,年中甚至有两个月的利润同比增速超过了100%。采矿业的利润总额增长率也保持在40%左右,石油、煤炭及其他燃料加工业与化学原料和化学制品制造业的利润总额增长率在20%上下波动(见图6.11)。

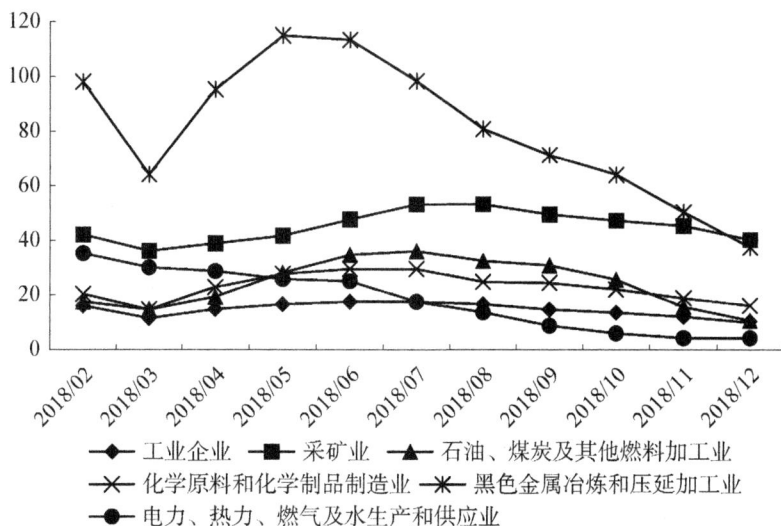

资料来源:国家统计局。

图6.11　传统产业月度利润总额累计增长率(%)

第二节   中国消费结构发展总体状况

一、我国经济发展方式从投资驱动型向消费驱动型转换

2014年以来,我国经济进入新常态,经济发展从追求高速度、数量型转变向追求中高速和高质量的新时代。经济增长动力持续转换,核心驱动力更多的是依靠消费,而不是投资和出口,经济结构不断优化升级。最终消费支出对GDP增长的贡献率由1978年的38.3%提升至2017年58.8%,40年间提升20.5个百分点,成为国民经济增长的主要动力;资本形成总额对GDP增长的贡献率由1978年的67%回落至2017年32.1%,回落了34.9个百分点(见图6.12)。在近40年的时间中,投资和净出口都曾经出现过负数的贡献率,只有消费始终保持在40%以上的贡献率,现阶段消费已经越来越成为保持经济平稳运行的"稳定器"和"压舱石"。

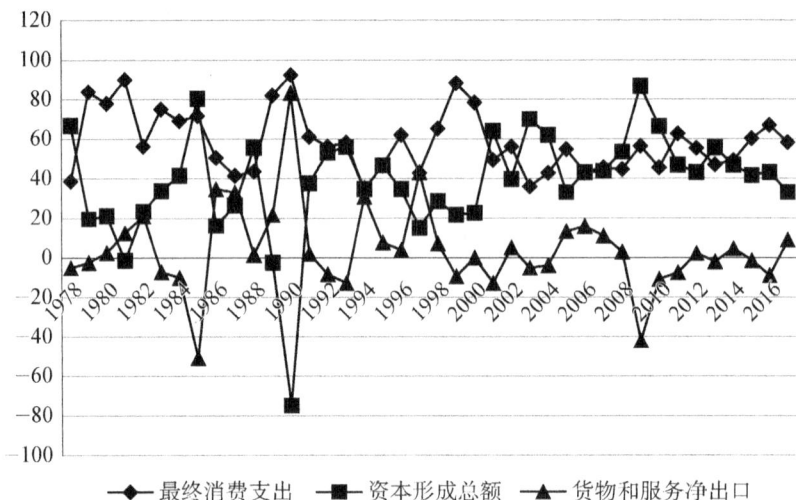

资料来源:国家统计局。

图6.12   我国三大需求对GDP增长的年度贡献率(%)

在行业增加值方面,与居民消费紧密相关的批发和零售业等行业对经济增长的贡献明显增强。2017年批发和零售业增加值按不变价计算是1978年的44.3倍,年均实际增长10.2%,比同期GDP年均增速高0.7个百分点(如图6.13);批

发和零售业增加值占 GDP 的比重由 1978 年 6.6% 提升至 2017 年的 9.4%,2004
年以来保持稳定的增长趋势(见图 6.14)。

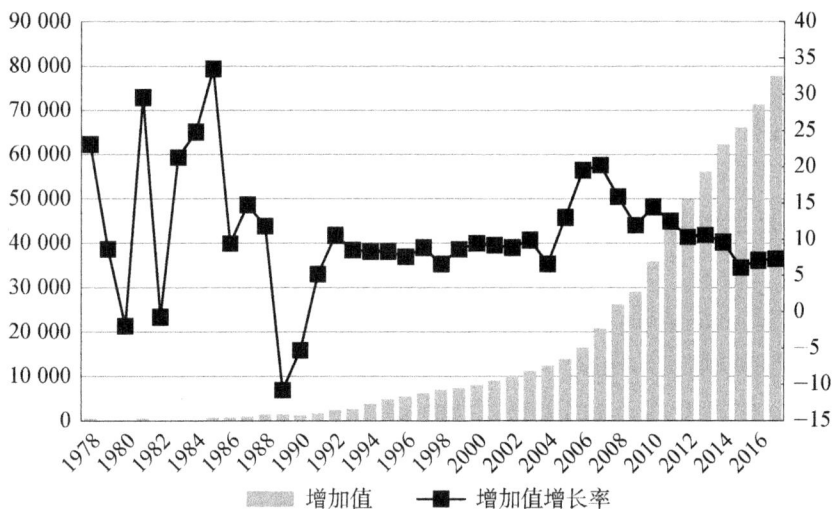

资料来源:国家统计局。

图 6.13　批发和零售业年度增加值(亿元)和增长率(%)

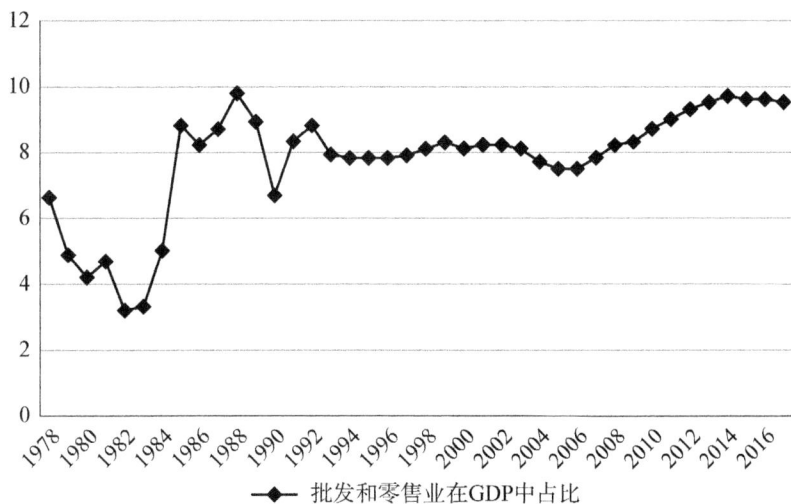

资料来源:国家统计局。

图 6.14　批发和零售业在 GDP 中占比年度变化(%)

根据国家统计局初步计算的数据,2018 年四个季度最终消费支出对 GDP 的
贡献率累计值为 76.2%,消费对经济增长的贡献已连续 6 年超过 50%,成为拉动

经济增长的第一大驱动力。2018 年全国居民人均消费支出 19 853 元,扣除物价因素,实际增长 6.2%,同比增加 0.8 个百分点,略低于 6.5% 的人均可支配收入增速。从全年消费变化看,四个季度全国居民人均消费支出分别增长 5.4%、6.7%、6.3%、6.2%,同比变化为 −0.8 个、0.6 个、0.4 个、0.8 个百分点,消费支出增速整体上走出了 2017 年末的低点。党的十九大报告多次提及消费,并强调"完善促进消费的体制机制,增强消费对经济发展的基础性作用。"

二、我国改革开放以来消费结构阶段划分

从最初的去供销社、商场凭票购物,到后来的去超市、大卖场自选购物,再到如今去无人商店"刷脸"购物、足不出户网购天下,线上线下互动采购,场景几度迁移,物质由匮而丰,消费理念与时俱变,百姓的幸福感与获得感与日俱增。市场规模持续扩大,消费增长动力转换。消费品由数量短缺向供给充裕转变,消费总量不断扩大。反映消费品市场发展水平与规模的统计指标——社会消费品零售总额,由 1978 年的 1 559 亿元增长到 2017 年的 366 262 亿元,年均增长 15%(见图 6.15)。

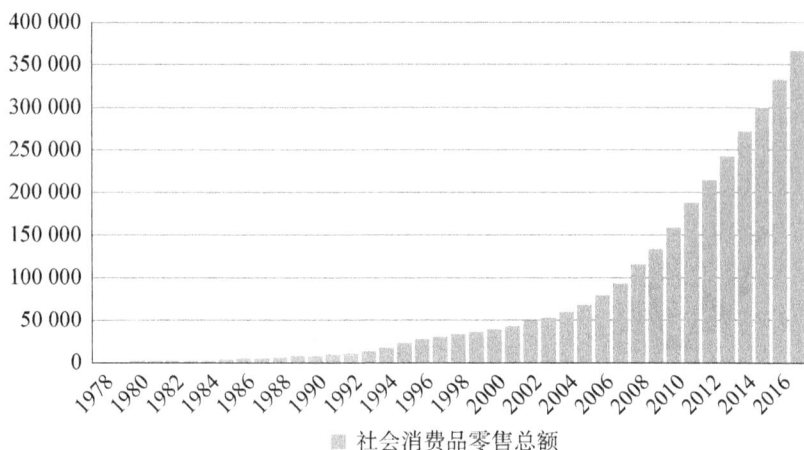

资料来源:国家统计局。

图 6.15   社会消费品年度零售总额(亿元)

物质产品的不断丰富,首先是与民生息息相关的基本生活类商品增长较快,人民生活的基本需求得到了满足。2017 年,限额以上单位粮油食品饮料烟酒、服装类商品零售分别为 22 035 亿和 14 557 亿元,分别是 1978 年食品和服装类商品零

售额的 34 和 52 倍,年均分别增长 9.4％和 10.7％。

我国消费结构演变的过程其实就是我国经济市场化、产业结构不断升级的过程。新中国成立以来至 1978 年改革开放之初,我国处于计划经济体制之下,消费品比较匮乏。改革开放以来,我国消费结构的变化可以归结为"温饱消费升级——小康消费升级——品质消费升级——个性化消费升级",呈现出渐进式的发展路径。

1. 1978 年至 20 世纪 80 年代末的温饱消费升级阶段

改革开放之初,我国经历了第一次消费升级。在发展初期,改革开放为国内市场带来了广阔空间,消费需求强劲,消费总量持续扩大。这一阶段的消费升级主要表现在粮食消费下降、轻工产品消费上升方面。这一次消费升级使我国轻工、纺织产品产业得以迅速发展。

2. 20 世纪 80 年代末至 21 世纪初的小康消费升级阶段

在第二次消费升级阶段,各类商品品种不断丰富且数量充足,居民消费需求强劲。象征着小康时期的标志性消费品——冰箱、彩电、洗衣机受到消费者的青睐,带动了家电行业的快速发展。空调、微波炉、摄影机等更为高档的商品成为消费热点,对电子、钢铁等制造业行业发展产生巨大驱动力。

3. 21 世纪初至 2017 年的品质消费升级阶段

目前我国正在经历第三次消费结构升级转型阶段。在这一过程中,增长最快的是教育、娱乐、文化、交通、通讯、医疗保健、住宅、旅游等方面的消费,尤其是与 IT 产业、汽车产业以及房地产业相联系的消费增长最为迅速。

4. 2018 年以后的个性化消费升级阶段

在未来的一段时间内,消费者越来越重视设计和个性定制,小众消费更为流行。2018 年 9 月 20 日,中共中央、国务院正式出台《关于完善促进消费体制机制进一步激发居民消费潜力的若干意见》,为促进本次消费体制升级绘制"蓝图"。这与日本社会学家三浦展在其著作《第四消费时代》中的预言不谋而合,他认为,第四消费时代将回归商品的本来价值。

三、现阶段我国消费结构呈现的特征

1. 由生存型消费向发展型消费转换

随着居民收入水平的持续提高以及消费观念的转变,消费结构不断改善,居民消费从注重量的满足转向追求质的提升。从商品内部构成看,满足基本生活需求的消费品零售额占全部零售额的比重明显下降,反映消费升级的耐用品类零售额占比提升。具体来看,吃、穿等基本生活类商品占社会消费品零售总额的比重明显降低。2018 年,在限额以上单位商品零售类值中,粮油、食品、饮料、烟酒类商品零售类值占比为 14.5%,比 2001 年下降了 5.8 个百分点;2018 年服装鞋帽、针纺织用品类商品零售类值占比为 10.1%,比 2001 年下降 5.7 个百分点;2018 年日用品类商品零售类值占比为 4.0%,比 2001 年下降 2.4 个百分比(见图 6.16)。

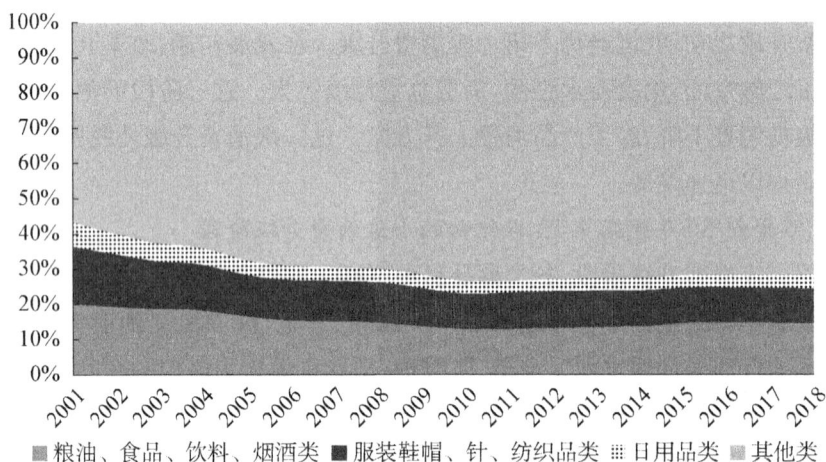

资料来源:国家统计局。

图 6.16   限额以上单位部分商品年度零售类值百分比堆积面积图(%)

近 40 年来,恩格尔系数不断降低,并且城镇与农村之间的差距也在不断收窄,说明消费差距在逐渐减小。恩格尔系数越低,代表居民生活水平越高。联合国粮农组织曾根据恩格尔系数的高低,对世界各国的生活水平进行划分,即一个国家平均家庭恩格尔系数大于 60% 为贫穷;50%~60% 为温饱;40%~50% 为小康;30%~40% 属于相对富裕;20%~30% 为富足;20% 以下为极其富裕。我国于 2017 年第一次进入富足区间,这意味着从整体上看,我国的消费结构变迁呈现出一种消费升级和需求升级的过程。2017 年全国居民恩格尔系数为 29.3%,其中城镇、农村居民恩格尔系数分别为 28.6% 和 31.2%,分别比 1978 年下降 28.9 和 36.5 个百分点(见图 6.17)。

2017 年,中国城镇居民平均每百户彩色电视机、洗衣机和电冰箱拥有量分别为 123.8、95.7 和 98 台,而 1981 年,城镇居民平均每百户拥有彩色电视机、洗衣机和电冰箱的数量分别仅为 0.6、6.3 和 0.2 台。2017 年,汽车类商品零售额为 4.2 万亿元,比 1998 年增长 169 倍,近 20 年来年均增长速度超过 30%。与居住有关的

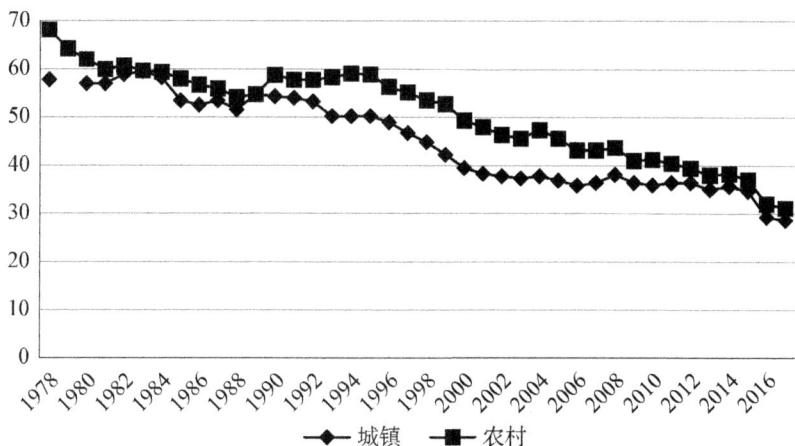

资料来源：国家统计局。

图6.17 全国城镇和农村居民家庭年度恩格尔系数(%)

消费,与汽车有关的消费,以及与通讯有关消费商品占社会消费品零售总额的比重出现了明显的提升。只有家用电器和音响器材类比重出现下降,说明我国消费热点已经从家电进一步升级到了汽车类高价值消费。2018年,在限额以上单位商品零售类值中,家用电器和音响器材类商品零售类值占比为6.5%,比2001年下降了5.9个百分点;2018年家具类商品零售类值占比为1.7%,比2001年上升了0.9个百分点;2018年建筑及装潢材料类商品零售类值占比为1.8%,比2001年上升了1.0个百分比;2018年通信器材类商品零售类值占比为3.2%,比2001年上升了2.1个百分比;2018年石油及制品类商品零售类值占比为14.4%,比2001年上升了3.8个百分比;2018年汽车类商品零售类值占比为28.6%,比2001年上升了21.1个百分比,上升最为明显(见图6.18)。

从消费各项内容的增速变动看,经过计算,2001—2018年限额以上单位商品零售类值年均增长率增长最快的也是通讯、汽车和居住这几个消费升级的大类,年均增长超过20%;其次是金银珠宝类和化妆品类等奢侈品消费,年均分别增长18.2%和16.3%。相比之下,体育、娱乐用品类和书报杂志类消费支出的年均增速垫底,只有11.3%和10.9%,说明在我国精神需求还未成为消费主流(见图6.19)。

消费内容升级则需要充分释放消费结构对产业结构和就业结构的牵引作用,加快教育、育幼、养老、医疗、文化、旅游等服务业发展,激发潜在消费,补齐供给短板,引导理性消费,更好促进经济发展新旧动能转换。

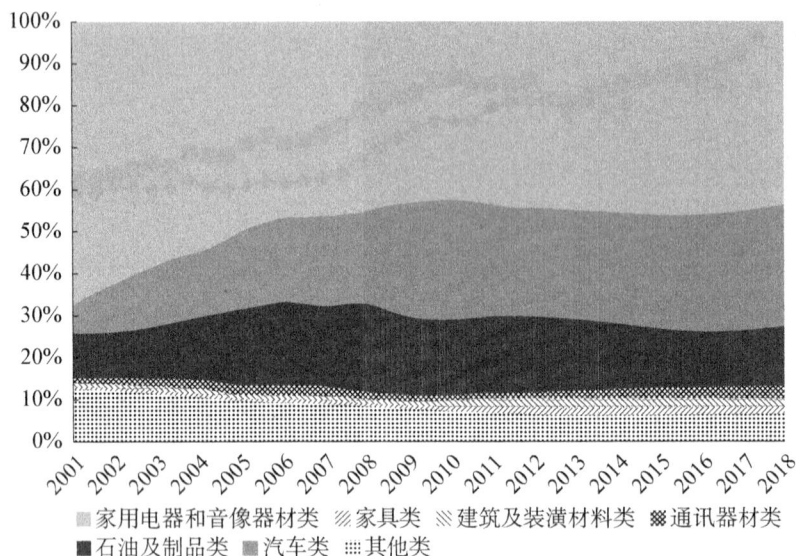

资料来源：国家统计局。

图 6.18   限额以上单位部分商品年度零售类值百分比堆积面积图（%）

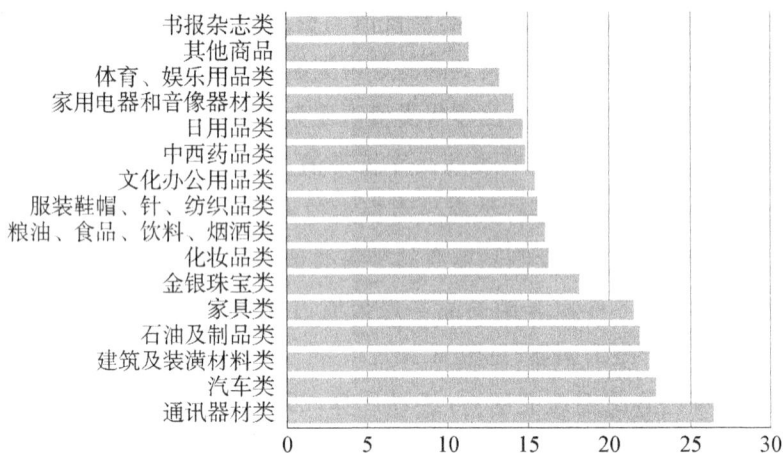

资料来源：国家统计局。

图 6.19   2001—2018 年限额以上单位商品零售类值年均增长率（%）

2. 消费分级趋势正在减弱

从居民消费的空间结构看，趋同和分化的力量将持续并存。城镇居民人均消费支出对农村居民人均消费支出有示范效应，东部沿海地区的消费支出对中西部地区的消费支出有示范效应，由此产生缩小城乡和地区消费差距的内生力量。与此同时,随着农村和中西部地区的基础设施和公共服务建设不断完善,农村居民人均消费增长将高于城镇居民人均消费增长,中西部地区人均消费增长将高于东部沿海地区人均消费增长,由此产生了与以往不同的发展局面。

(1) 城乡居民人均消费差距在缩小。城乡市场共同发展,区域结构不断改善。改革开放以来,中国城镇化进程不断推进,城镇化率不断提高。城市人口增多必然带动衣食住行等多方面消费需求增加和消费升级,对消费的快速增长有明显的促进作用。在居民消费能力不断增强和消费环境持续优化等多因素带动下,城镇消费品市场保持较快增长。2018 年,中国城镇消费品零售额达 325 636.9 亿元,是2010 年的 2.4 倍,年均增长 17.9%,城镇消费品零售额占社会消费品零售总额的比重由 2010 年的 86.5% 逐年下降至 2018 年 85.5%(见图 6.20)。

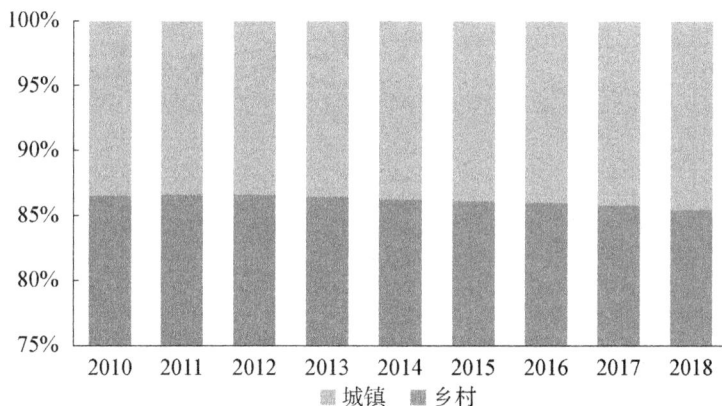

资料来源:国家统计局。

图 6.20　城镇与乡村社会消费品年度零售总额百分比堆积面积图(%)

另一方面,为解决中国消费品市场发展进程中城乡不平衡等问题,国家在流通基础设施建设、消费政策和收入分配政策等多方面加大对农村地区的支持力度。一系列支农惠农政策的贯彻落实,增强了农民的购买能力和消费意愿。同时,城乡统筹、以工补农、以城促乡等新农村建设政策措施的出台,使农村经济迅速发展,特别是"万村千乡市场工程"和"双百市场工程"的实施,极大地改善了农村商品流通状况,为农村消费品市场发展创造了良好的外部条件。

近年来,在农村地区交通、物流、通信等消费基础设施进一步完善的同时,电子商务不断向广大农村地区延伸覆盖,促进农村居民消费潜力持续释放。2018 年,中国乡村消费品零售额达 55 350 亿元,是 2010 年的 2.7 倍,年均增长 20.7%。党的十八大以来,农村消费品市场发展明显加快,乡村市场占比逐年提高。2013—2018 年,乡村消费品零售额年均增长 12%,年均增速比城镇消费品零售额高 1.3 个百分点;乡村消费品零售额占社会消费品零售总额的比重由 2010 年的 13.5%提升至 2018 年的 14.5%,占比提升 1 个百分点(见图 6.21)。这是继 2012 年第四季度实施城乡一体化住户调查以来,城乡消费支出增长差异较大的一年。城乡居民消费增长分化的背后,是农村消费水平的赶超和城乡消费水平的趋同,农村消费市场被激活,农村消费需求"井喷式"增长。

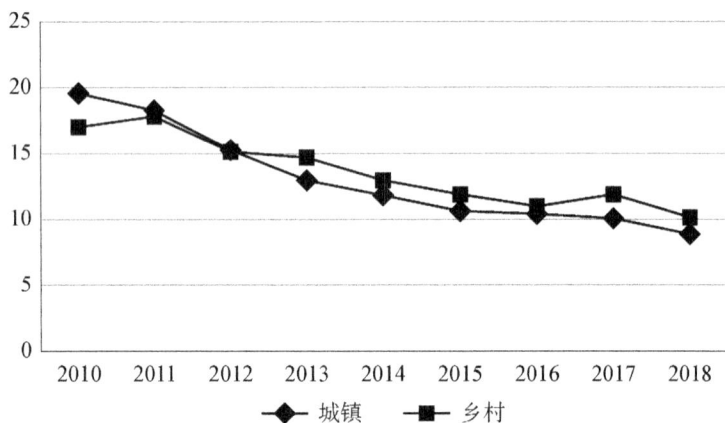

资料来源:国家统计局。

图 6.21　城镇与乡村社会消费品年度零售总额增长率(%)

(2) 东部沿海地区和中西部地区人均消费差距在缩小。地区居民消费增速分化的背后,是中西部消费水平的赶超和地区之间消费水平的趋同,而且随着"一带一路"建设的推进和基础设施不断完善,中西部地区的人均消费支出增速将继续保持较好增长势头。在城乡结构不断改善的同时,东、中、西部和东北地区发展向总体均衡转变。随着国家西部大开发、东北老工业基地振兴、中部崛起等发展战略的不断推进,不同地区之间的消费品市场发展速度和结构发生重大变化,区域市场呈现出均衡、协调发展的良好态势,只有东北地区形势不容乐观,差距在加大。2017年,中国东、中、西部和东北地区社会消费品零售总额分别为 187 569.8 亿、77 474.6 亿、68 098.8 亿和 30 762.2 亿元,分别是 2008 年的 3.0 倍、3.4 倍、3.4 倍和 2.9 倍,年均分别增长 20.4%、24.0%、24.3%和 19.3%(见图 6.22)。

从各区域占比情况看,呈现出东部地区先行发展、中西部和东北地区后期跟进的态势。东部地区消费品零售额占社会消费品零售总额的比重由 2010 年的 54%

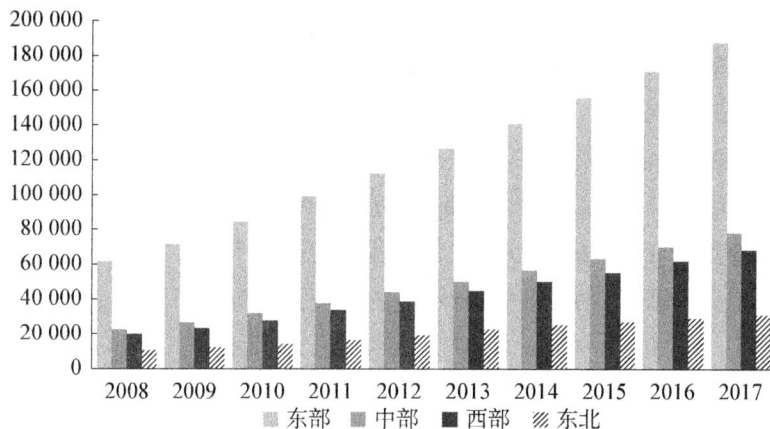

资料来源：国家统计局。

图6.22　各区域社会消费品年度零售总额(亿元)

逐年回落，至2017年为52%。与之相对应的是中、西部和东北地区消费品零售额占社会消费品零售总额的比重与东部地区的差距分别由2010年的24%、37%和45%，到2017年分别缩小至21%、33%和44%，消费品市场向地区间总体均衡发展(见图6.23、6.24)。

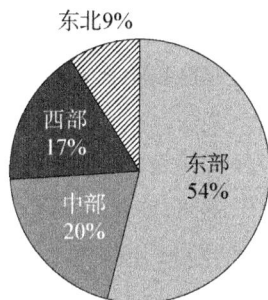

资料来源：国家统计局。

图6.23　2010年各区域社会消费品零售总额占比(%)

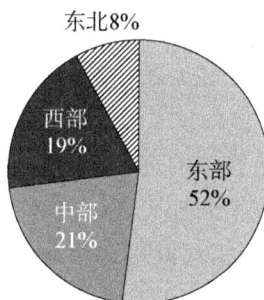

资料来源：国家统计局。

图6.24　2017年各区域社会消费品零售总额占比(%)

3. 技术进步创造消费热点

2018年初，随着"新零售""数字经济""数字贸易"等一系列新概念涌现，消费领域的新动能蓄势待发。随着城乡居民收入水平持续提升，消费升级牵引产业结构升级，带动消费产品和服务朝着"品牌、品质、品味"的方向发展，成为推动经济高质量发展的重要驱动力之一。尤其是在互联网经济的催化下,平台经济、分享经济、网红经济等催发了商业生态变革与消费理念变化,高品质、个性化需求不断涌现,消费升级趋势明显。

从技术进步和消费联动看,加快 5G 的商用步伐将对消费的内容和形式产生重大变化。2018 年 12 月,三大基础电信运营商均已获批开展 5G 系统试验,在 2019 年有望实现 5G 网络预商用,正式商用也已指日可待。可以预见,在新零售、人工智能、工业互联网、物联网等领域,新的消费需求将不断涌现。

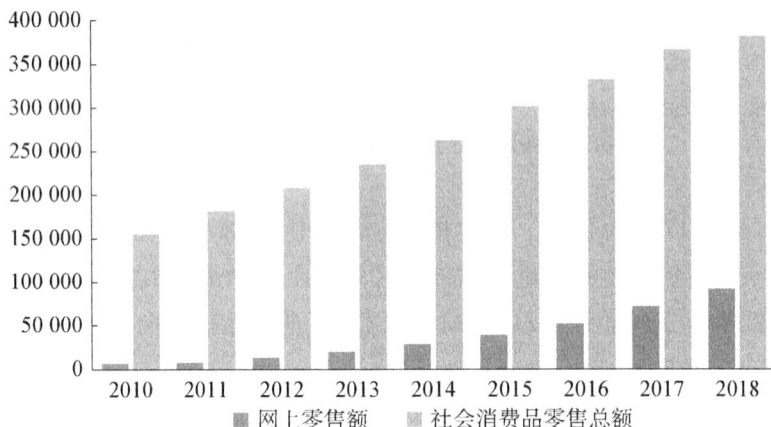

资料来源:国家统计局。

图 6.25　网上零售额和社会消费品年度零售总额(亿元)

随着网络技术的进步和网络覆盖范围的扩大,尤其是国家对农村地区网络建设的支持力度不断加大,以及网络购物带来的操作简便、商品选择余地大、价格优势明显等突出特点,网络零售规模不断壮大,成为消费增长的重要因素。2017 年互联网普及率达到 55.8%,其中农村地区互联网普及率达到 35.4%,互联网上网人数 7.7 亿人,其中手机上网人数 7.5 亿人。2018 年,全国网上零售额 90 065 亿元,比 2010 年增长 17.7 倍(见图 6.25)。从增速上看,从 2010 年到 2018 年,网上零售额增速始终快于社会消费品零售总额,即使在增速最慢的 2018 年,网上零售额增速也比社会消费品零售总额高 14.9 个百分点。网上零售额平均增速为 47.3%,社会消费品零售总额增速仅为 12.8%(见图 6.26)。

4. 产品消费向服务消费转换

据国家统计局数据,2013 年至 2017 年,我国城乡居民消费结构中服务性消费支出占比持续增加。全国居民教育文化娱乐支出在总支出中的占比从 10.57% 提

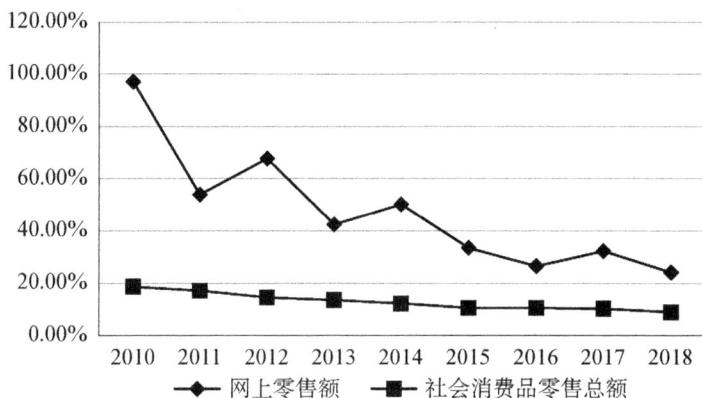

资料来源：国家统计局。

图 6.26　网上零售额和社会消费品年度零售总额增长率（％）

升到 11.38％；医疗保健支出占比从 6.9％提升到 7.92％；交通通信支出占比从 12.31％提升到 13.64％（见图 6.27、6.28）。

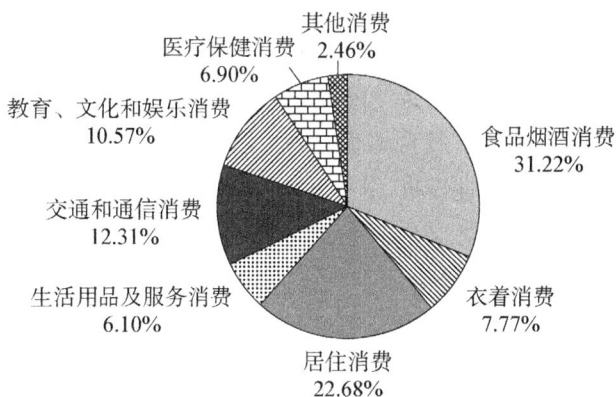

资料来源：国家统计局。

图 6.27　2013 年居民各项人均支出占比（％）

2018 年前三季度，居民享受更多社会化服务，全国居民人均家政服务支出增长 38.7％，交通费支出增长 24.1％，旅馆住宿支出增长 38.6％。此外，经中国旅游研究院（文化和旅游部数据中心）测算，仅 2018 年国庆假期，全国共接待国内游客 7.26 亿人次，同比增长 9.43％；实现国内旅游收入 5 990.8 亿元，同比增长 9.04％。2018 年上半年，全国电影票房同比增长 17.8％。从这个意义上说，服务性消费支出占比快速提升，是我国消费领域的一个突出亮点，反映出我国正在进入

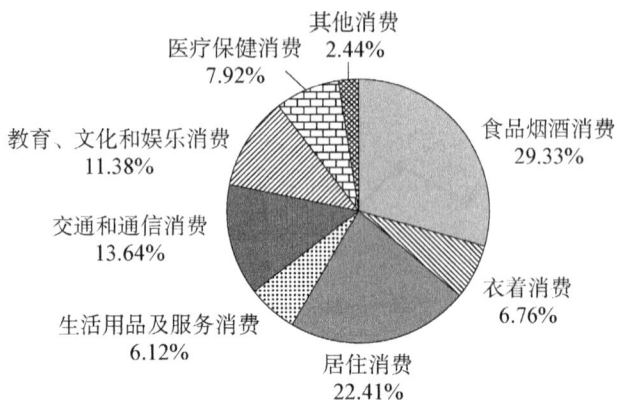

资料来源：国家统计局。

图 6.28　2017 年居民各项人均支出占比（%）

消费新阶段。

四、服务消费变化情况分析

消费结构加速转型，服务消费快速增长。居民消费由实物型向服务型转变，文化娱乐、休闲旅游、大众餐饮、教育培训、医疗卫生、健康养生等服务性消费成为新的消费热点，体验类消费快速发展。

在餐饮消费方面，国家鼓励发展大众化餐饮，优化大众化餐饮布局，支持大型餐饮企业建设主副食加工配送中心，发展标准化餐饮网点，培育了一批品牌化、连锁化经营的大众化餐饮企业，同时注重弘扬中华饮食文化，逐步形成业态互补、高中低档协调发展、中外餐饮融合促进的发展格局。2017 年，住宿业营业额为 3 963.9 亿元，是 2004 年的 3.4 倍，年均增长 17.0%；餐饮业营业额为 5 312.8 亿元，是 2004 年的 4.6 倍，年均增长 25.6%（见图 6.29）。

在旅游消费方面，随着旅游产品多样性不断丰富和旅游市场环境日趋改善，旅游市场持续火爆，旅游消费持续升温，居民出游方式多种多样，"小长假＋年休假"拼假方式所占比例增加，周边游、短途游等出游形式同样深受欢迎，亲子游、海岛游、邮轮游等旅游产品备受人们青睐。文化和旅游部数据显示，2017 年中国国内游客已达 50.01 亿人次，是 1998 年的 7.2 倍，年均增长 31%。2017 年全国旅游总花费约 4.6 万亿元，是 1998 年的 19.1 倍，年均增长 90.5%。2017 年国内旅游人均花费 913 元，是 1998 年的 2.6 倍，年均增长 90.5%（如图 6.30、6.31、6.32 所示）。

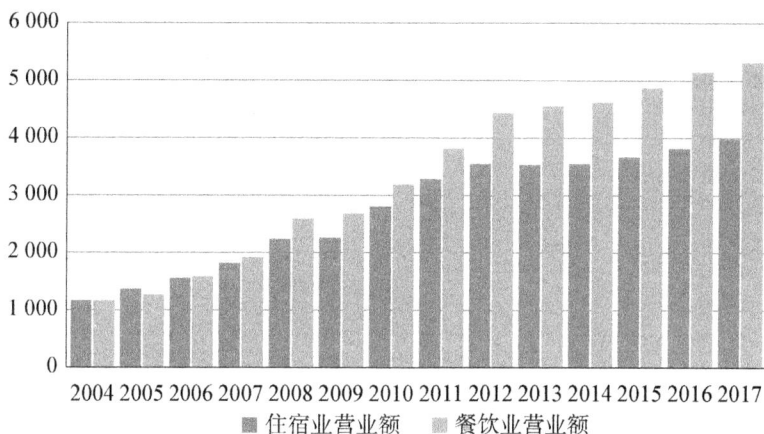

资料来源：国家统计局。

图 6.29 住宿业和餐饮业年度营业额(亿元)

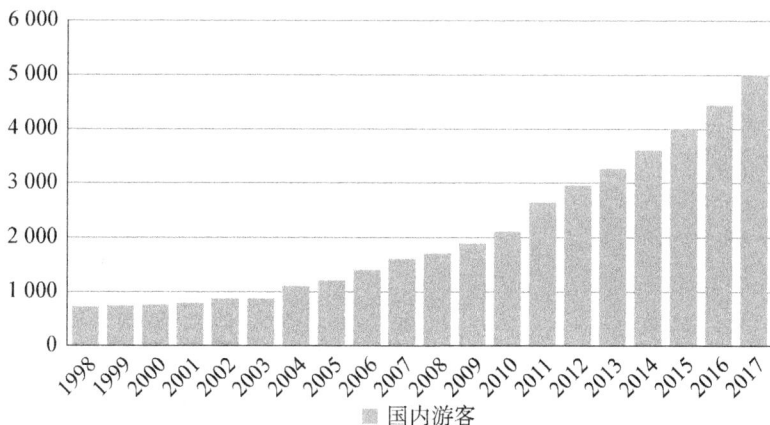

资料来源：国家统计局。

图 6.30 国内游客年度人数(百万人次)

在文化娱乐消费方面,据国家新闻出版广电总局电影局发布的数据显示,2017年全国电影总票房 559 亿元,比 1991 年增长 22 倍多,年均增长约 12.9%;2012 年以来中国电影市场规模稳居世界第二,2012 年总票房为北美市场的 25%,而 2017年已达到北美市场的 77.6%。特别是国产电影市场发展良好,产量稳中有升,从2013 年起,其市场份额保持在 50% 以上,其中,2017 年达到 53.8%,对唱响时代主旋律、发挥强劲正能量起到积极作用。

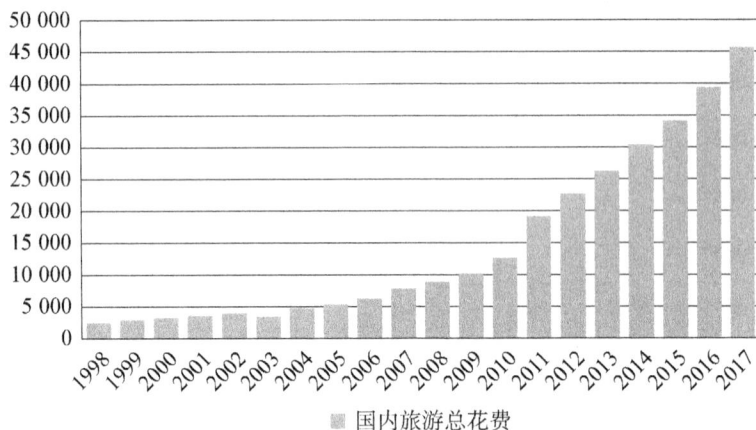

资料来源：国家统计局。

图6.31   国内旅游年度总花费(亿元)

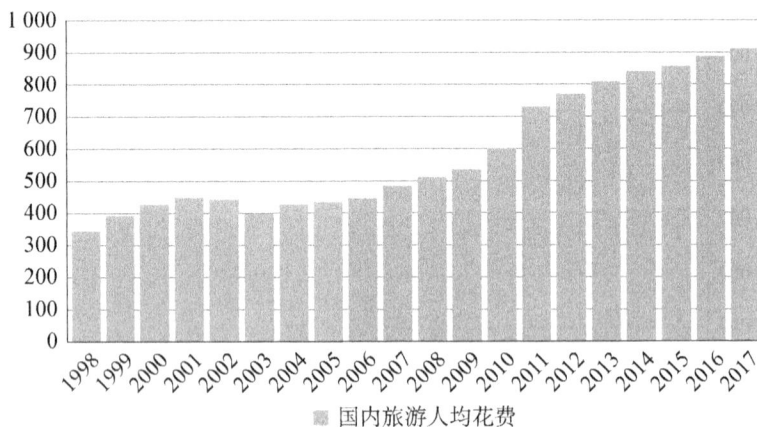

资料来源：国家统计局。

图6.32   国内旅游年度人均花费(元)

第七章

产业结构与消费结构升级对服务业开放的影响机制

第一节 产业升级的关联效应,增加生产性服务业需求

在产业升级的同时,制造业的深加工和生产迂回度得到进一步深化,产业链也得到了延长,从前向、后向、旁侧多方位带动了金融服务、科技开发、现代物流等生产性服务业的发展。引导大型企业尤其是国有企业改变过去"企业办社会"的经营模式,将与生产不相关的福利性服务剥离,转化为社会化的专业服务;引导民营企业加强自身实力建设,提高人员素质,提升管理水平和技术水平、以更好的社会信誉进入服务范围。引导外资制造企业提高产品技术含量和附加值,增加生产迂回度,增强对我国生产性服务业的需求。

随着经济全球化和国际分工的不断深入,传统制造业将进一步精细化和专业化,这将促使其进行服务外包或外购生产服务。此时,加大服务业开放将促进中国服务业参与国际分工,使资源配置流向高附加值和高技术含量的生产服务业。国外资本进入的同时,带来了先进的技术和管理经验,提高了资源配置效率,增强了生产服务业的价值链嵌入功能,为我国产业发展向全球价值链两端高附加值环节攀升提供了产业升级的通道。如何更好地"嵌入"到全球价值链中,宏碁集团创始人、IT 教父施振荣先生,在 1992 年为了"再造宏碁"提出了著名的"微笑曲线"(Smiling Curve)理论(见图 7.1)。"施氏微笑曲线"指明了产业的发展方向,即由低附加值的装配制造环节向产业链中高附加值的研发创新、营销服务环节扩展。深化生产服务业开放,结合产业发展特点,鼓励国外先进企业对国内生产服务业投资,一方面,通过国外先进技术和管理经验的技术外溢效应,在原有知识和技术的基础上,融合国外先进技术,突破原有技术的升级瓶颈,实现技术创新;另一方面,加强从传统营销向服务性营销延伸,发展管理工程服务、咨询服务和售后服务等新

兴生产服务业和高端生产服务业,并使之融入传统产业链中,通过对研发、生产、制造、销售和售后的重新定位,促使传统产业整体升级。综上,扩大生产服务业对外开放的同时,生产服务业的价值链嵌入功能促使制造业向"微笑曲线"的两端升级,使生产型制造向服务型制造转型升级,在保持原有制造业品牌的同时,将其提升为服务名牌,进而推动产业结构和品牌升级。

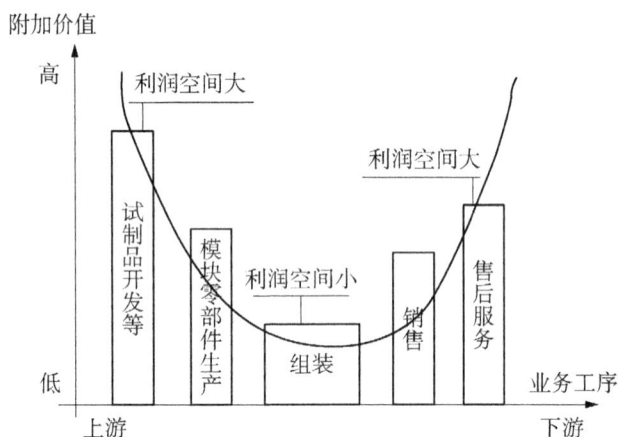

资料来源:陈佳鸿,罗慧敏,李思莹,刘茜,吴焕瑜,张向前. 互联互通蓝图下中国先进制造业转型升级研究[J]. 特区经济,2019(04):19-25.

图7.1 "产业微笑曲线"

产业转型升级的压力倒逼企业向价值链高端发展,第一产业和第二产业都可以在生产性服务业开放中完成由生产制造型转向生产服务型产业。通过各种措施,鼓励农业企业和涉农服务机构提高科技创新和推广应用能力,加快推进现代种植业发展,畅通农副产品流通体系。鼓励有能力的工业企业提高研发创新和系统集成能力,开发出市场调研、产品设计、技术开发、工程总包和系统控制等新业务。建立健全重大技术装备第三方认证制度,加速发展专业化设计及其相关定制、加工服务。促进专利技术的运用和创新成果转化,完善研发设计、试验验证、运行维护和技术产品标准等体系。着重在市场营销和品牌服务方面,建立现代销售体系,增强产业链上下游企业的合作协同能力。在金融服务方面,强化期货、现货交易平台功能,推广分期付款等消费金融服务方式。在物流服务方面,推进仓储物流、维修维护逆向物流和第四方物流等专业服务的发展。

第二节 产业升级的就业压力,服务业开放吸收就业

产业升级的同时,会造成中低收入人群的就业问题。传统的劳动密集型制造业,也是中低收入者的就业主体。在我国经济结构转型升级的过程中,这部分传统劳动密集型产业必须要进行转变,这些产业要么转移产能,要么进行技术改造,用效率更高的机器替代传统劳动力。但无论哪个途径都会造成这些产业的劳动力需求减少,如何安置这些"挤出"的劳动力是政府和企业要解决的问题。毫无疑问,开放服务业、发展服务业可以解决上述问题。中国自 2001 年加入 WTO 以来,在对内、对外开放的两个市场中,不断深入发展服务外包与服务全球化。服务业具有劳动密集的产业特点,因此已经成为吸纳和新增就业的主要途径,为世界各国劳动力提供了更多的就业机会。在发达国家,第三产业吸纳就业人口的比重平均达到了70%,中等收入国家吸纳第三产业人口比重达到 50%。但相较于以上二者,2017年,我国服务业就业人数占社会总就业人数比重仅为 44.9%,虽然总体就业水平不到中等收入国家的平均水平,但纵向来看,这一比重比 1998 年增长了 18.2 个百分点,改变了以往我国过度倚靠农业、制造业带动就业的不协调发展格局(见图 7.2)。

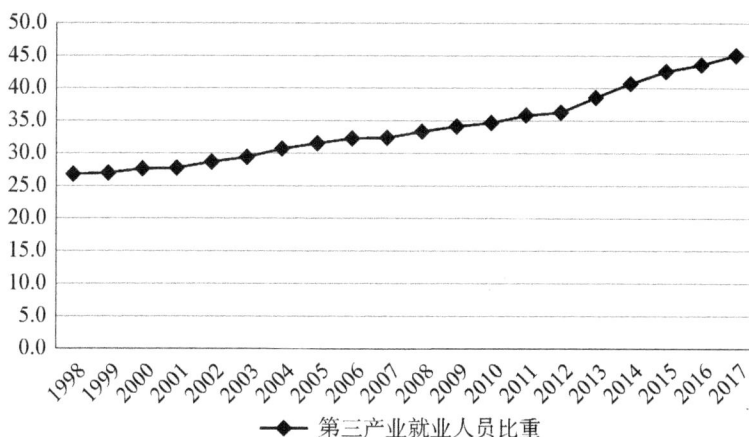

资料来源:国家统计局。

图 7.2 第三产业年度就业人员比重(%)

服务业的对外开放能通过进出口贸易、外商直接投资等方式带动国家或地区的经济增长和就业。一方面,跨国公司进驻投资国,在投资国设立企业,为投资国

提供就业岗位,吸纳当地劳动力,增加就业岗位。另一方面,跨国公司进入后,通过对上下游企业的关联效应也会创造出更多的就业岗位和机会。在服务业跨国投资大潮中,良好的宏观经济态势和巨大的市场优势使中国已经具备了承接服务业国际转移的基本条件。体系较完备的制造业创造了巨大的服务需求,服务业吸引外资和发展服务贸易有很大潜力;较高水平的信息基础设施和较强的信息技术产业支撑为服务业发展提供动力;综合的人力资源优势,包括部分中高端科技管理人才保障了服务业发展的人力资本需求。

服务业开放能够优化产业结构,有助于吸纳就业增加服务业就业人数,提高劳动者综合素质和技能,提升就业人口的总体素质。生产性服务业产业诸如仓储服务、生产性科技研发设计、财产保险服务等为社会创造了大批就业岗位,吸纳了大量社会剩余劳动力。与传统的制造业岗位相比,研发创新、信息服务、后台操作等岗位有一定的技术性,需要对求职者进行岗前的专业培训,因此,对劳动者学习能力和综合素质要求较高。在当前我国供给侧结构性改革的战略背景下,服务业整体发展水平的提高,能够为国民提供相对高质量、低价格的产品服务,加快迈进享受"物美价廉"服务产品时代的步伐,同时也能够为社会培育出更优秀的服务型人才。

此外,从不同服务部门吸纳劳动力的结构来看,在规模以上服务业企业中,附加值高的生产性服务业、与民生相关的生活类服务业吸纳就业能力最强,如装备制造、计算机信息技术、互联网与电子商务、餐饮、娱乐、教育和卫生服务行业等。在吸纳就业的同时,借助于高科技、信息化助推的服务产业实现了产业升级和更新,需要新的商业模式的运营与维护,起到了稳定第三产业经济发展的作用。信息化和智能化的发展表现为产、学、研、用一体化,知识的更新换代加速,网络化和无纸化的运营模式要求从业人员提高自身的学习能力和综合素质,这就带动了相关行业劳动力整体素质水平的提升。

第三节　产业升级的收入效应,增加生活性服务业需求

产业升级不断推动产业结构优化,高附加值产业比例不断增加,高附加值产业的就业收入水平较高,从而使得整体收入提升,进而促进生活型服务业的需求不断增长。随着产业结构的优化,会呈现出高附加值产业逐步发展壮大,所占比重愈来愈大,附加值较低的产业因盈利较低而逐渐萎缩的发展局面。在初期,高附加值产

业的投资者和经营者收益会快速的上升,而低附加值产业的投资者和经营者的收益则会下降甚至入不敷出,与之相对应产业的从业人员收入也会呈现出明显的高低不同。附加值较高的产业发展能够为本行业的从业人员带来较可观的收入,收入的差别带动了劳动力的流动,直接影响到劳动者的收入分配,最终会影响整个社会的就业结构。

随着产业结构调整和新型城镇化建设的继续推进,收入差距会被逐渐缩小。首先,从整体上看,二、三产业的社会分工不断细化,会为社会创造出更多的就业机会,有利于提高城镇就业率和城镇居民的人均收入水平,但却会导致城乡收入差距的扩大。另一方面,这种细化的社会分工具有外溢性,因为劳动力有较强的流动性,城镇的高收入水平会吸引农村地区劳动力向城镇转移,进而也提高了农村居民的收入水平。其次,在产业结构演进过程中,如果盈利率较低的产业被彻底淘汰,那么该部门也会随之消失,而被这些部门释放出的各种资源和劳动力就会流向收入高的产业,这样反而会缩小不同收入阶层人员间的差距。最后,新兴技术产业部门的发展会从各方面对原本处于落后水平的低收入部门产生刺激作用,带动其通过技术的不断发展和生产率的提高来缩小与高收入产业间的差距,同样地也会缩小收入差距。2017 年,从全国城镇单位就业人员平均工资水平看,信息传输、计算机服务和软件业、金融业等高端产业的工资水平显著高于建筑业、制造业等传统产业(见图 7.3)。

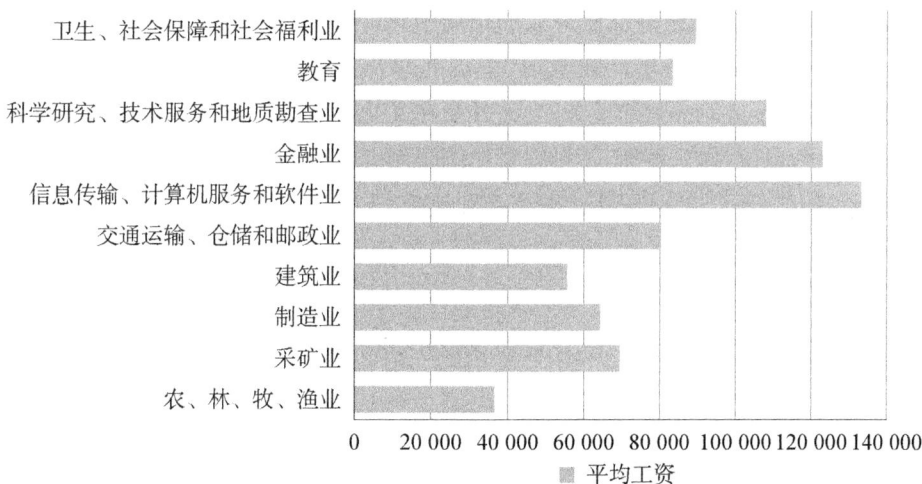

资料来源:国家统计局。

图7.3　2017 年全国部分行业城镇单位就业人员平均工资(元)

随着我国产业结构不断升级调整,由工业社会向信息社会的转变,收入水平将不断提升,对高端生活型服务业的需求也随之产生。在人们还未完全领悟高端服务业带来的变化时,它却已经渗透到人们生活的不同角落,并悄无声息地改变着人们的生产和生活方式,强有力地推动着社会经济向前发展。促进服务业开放,引入和发展高端生活服务业是大势所趋。高端生活型服务业面向的主要是高端市场,是那些高收入、高学历和高品位的消费群体。高端服务的理念是实现服务者与被服务者的"双赢",以谋求二者长远利益为目标。因此,高端服务业提供服务的必须是高端的,即服务手段的高技术化、服务水平的高层次化、服务质量的高级化和服务方式的人性化。高端服务业是知识人才密集型产业,产业的发展需要从业人员熟悉高端服务业相关领域的知识,了解高端客户基本特点和要求,需要打造具有从事高端服务业务能力和经验的人才队伍。

推动服务业的开放,要加强竞争有序的市场体系建设。加快推进自贸区战略,减少服务贸易的限制,扩大生活性服务业的开放范围和领域,通过各种措施,吸引和引导外资更多地进入生活性服务业领域,发挥外资企业在品牌、技术、管理等方面的优势,带动行业整体水平的提高。引进国外家政服务、风味餐饮、零售店铺、优质的教育资源、医疗养老服务、旅游资源等在国内发展,鼓励和支持有实力、有品牌的企业"走出去",开拓国际市场。在这些方面,可以借鉴北京市的经验。北京市积极扩大对外开放,提高利用外资的水平,进一步放宽科学技术服务、互联网和信息服务、健康医疗服务、金融服务、商务和旅游服务、文化教育服务六大重点领域的外资准入限制,重点推进生活性服务业的招商引资。在生活性服务业方面,允许外商在特定区域(北京国家音乐产业基地、中国北京出版创意产业园区、北京国家数字出版基地)投资音像制品制作业务;允许外商在文化娱乐业聚集的特定区域投资设立演出场所经营单位、娱乐场所,不设投资比例限制;鼓励外商投资旅游业,参与商业性旅游景区(景点)开发建设,投资旅游商品和设施;支持在我国境内合法设立的外国机构、外商投资企业按照相关法律法规在京设立外籍人员子女学校;允许符合条件的国外研发药品在京开展临床试验;鼓励外商投资企业在京设立营利性养老机构、医养结合服务机构、社区养老服务驿站、专业护理服务机构,提供多元化养老服务。

第四节　实物消费向服务消费转变,本身带动服务业开放

在面临外部环境变化不确定的情况下,我国经济增长前景越来越依赖于国内

市场需求的不断释放,取决于城乡居民消费需求的不断增长。可以说,近 14 亿人的大市场蕴藏着巨大的内需潜力,这是我国经济增长最大的潜力和基础。2018 年9 月,中共中央、国务院颁布实施的《关于完善促进消费体制机制进一步激发居民消费潜力的若干意见》在"总体目标"中明确提出,居民消费结构持续优化升级,服务消费占比稳步提高,全国居民恩格尔系数逐步下降。要使潜在的增长动力转变成为现实的增长动力,关键在于抓住我国城乡居民消费结构由物质型向服务型升级的趋势,通过不断改革创新破除体制机制障碍,扩大服务业对外开放范围,降低服务业准入门槛,全面有效扩大服务型消费的供给。服务型消费升级进程中蕴藏的巨大潜力,如果有效释放出来,必将成为我国经济增长的重要动力。从现实情况看,打破服务型消费供给短缺的局面,首先要加快开放服务业领域相关市场,下一步应尽快推进服务价格形成机制改革,建立由市场决定服务价格的机制,并加快服务业发展的政策制定,创造服务业良性竞争的发展环境。

随着供给侧结构性改革进程的推进,产业结构逐步优化升级,服务业已经撑起国民经济的半壁江山。根据国家统计局公布的数据显示,2018 年第三产业增加值占 GDP 比重为 52.2%,比 2012 年提高了 6.9 个百分点。在此过程中,我国消费的基础性作用明显增强,新动能同时在供给和需求两个方面推动消费升级换代。一方面,新动能推动创造新型消费的市场供给。2016 年,"三新"经济中新型生活性服务活动增加值占全部"三新"经济增加值的比重约为 7.2%,比 2015 年有明显提高;另一方面,新动能推动居民消费的品质不断提升。网上零售、视频直播、在线教育、互联网医疗、订餐洗衣等 O2O 服务使消费者的各种需求足不出户即可得到满足。而网络约车、共享单车、共享住宿、移动支付等新服务模式,也使人们的出行、旅游、休闲娱乐变得更加精彩和便利。文化娱乐、教育培训、健康养生类消费升温,服务型消费渐成热点。2018 年在全国居民人均消费支出中,教育文化娱乐、医疗保健支出占比分别比 2012 年提高了 0.8 和 1.4 个百分点。从总体来看,2018 年最终消费支出的贡献率比 2012 年提高了 11.7 个百分点。

从过去几年经济生活实际看,一个基本趋势是消费结构呈现出稳步升级的态势。在宏观上恩格尔系数的不断下降也印证了这一点,2017 年我国城乡居民恩格尔系数下降到 29.3%,首次低于 30%;在微观上则表现为城乡居民消费行为多样化、个性化、服务化特点明显增强。一方面,在物质型消费得到基本满足后,增速放缓;另一方面,全社会在教育、健康、养老、文化、信息等服务型消费的需求上增长迅速。梳理 2010 年至 2018 年全国两会热点问题调查可以发现,全社会教育、医疗、养老保障等问题长期备受关注,且近几年的关注度不断增加。这些需求甚至成为其他国家重要的增长动力。据商务部统计显示,2017 年中国游客赴美旅游、留学、就医等旅行支出合计达 510 亿美元,其中赴美游客约 300 万人次,在美旅游支出高达 330 亿美元。

第五节　生存型消费向发展型消费转变,增加高端生活性服务业需求

在由生存型消费向发展型消费转变进程中,蕴藏着巨大的市场潜力,如果能够有效地释放出来,必将成为我国经济增长的重要动力。正因为如此,中共中央、国务院颁布实施的《关于完善促进消费体制机制进一步激发居民消费潜力的若干意见》明确提出,推进服务消费持续提质扩容,释放信息消费、文化旅游、体育消费、健康养老家政消费、教育培训托幼消费等领域的高端生活型服务业消费。

当前,高端生活型服务消费"有需求、缺供给"的矛盾比较突出,需求外流现象比较严重,这构成我国服务贸易逆差的一个重要原因。以健康产业为例,我国健康产业占 GDP 的比重仅为 4% 至 5%,其供给与城乡居民对大健康的需求十分脱节。在教育培训托幼消费方面,优质教育资源的供给还相当短缺。这都说明,高端服务型消费的供给短缺是制约服务型消费需求释放的重要原因。能否适应消费结构升级的趋势,扩大服务业的有效供给,应成为改革的重要难题之一。

从现实情况看,打破高端服务消费供给短缺的局面,重点在于加快开放服务业领域市场。过去几年间,我国在服务业领域市场的开放上明显提速,在一些领域有比较大的进展,助推了服务型消费的快速增长。同时,也要看到,一些服务业领域的开放仍有比较大的空间。如果未来几年内能基本形成服务业市场开放的新格局,就可以为释放服务型消费市场的潜力奠定坚实的制度基础和体制保障。在这方面,改革大有空间而且也大有可为。例如,加快打破并废除服务业领域的市场垄断和行政垄断,全面实施准入前国民待遇加负面清单的管理制度,加大生活性服务领域有序有效开放力度,逐步放宽放开对外资的限制;尽快推进服务价格机制改革,形成市场决定服务价格的新机制;加快服务业发展的政策调整,为服务业发展营造良好的市场环境;创新服务领域市场监管,尤其是尽快建立与新型消费业态相适应的市场监管新体系。

高端生活型服务业应该体现智慧性、定制性、体验性、共享性等先进的服务理念,形成布局合理、功能完善、优质高效的高端生活服务体系。鼓励企业建设运营

覆盖教育、健康、娱乐、家政、体育等民生领域的在线服务平台,促进供给端与需求端的精准对接。重点发展智能交通、智能物流、智能看护、智能家居、无人店铺等新型服务,推动人工智能应用范围的扩大。加快发展在线教育、远程医疗、数字传媒、游戏动漫等数字消费产业。推动医疗、教育培训、零售、娱乐等领域广泛应用增强现实(AR)/虚拟现实(VR)等现代技术,引导企业建设主题餐厅、主题乐园等应用场景,发展教育、娱乐和穿越体验服务。推进众筹定制、众包设计、柔性供应链等定制服务模式创新,引导企业利用大数据、人工智能等新兴技术针对不同人群和细分市场开展大规模量身定制服务。加快发展旅游产品、康体健身、精准医疗和品牌生活用品等私人定制服务。垂直细分衣食住行娱等生活服务领域,推动时间、空间、数据和知识共享,开发面向商贸流通、教育、医疗等领域的新型共享应用软件和平台,促进房屋居住、体育健康、文化娱乐、闲置物品、业余时间等碎片化休眠资源激活共享,推动传统服务业升级再造。

第六节　物质消费向精神消费转变,增加了文化贸易的需求

物质消费需求是人们对物质生活用品的需要。精神的需求是满足人的心理和精神活动的需要,如人的自尊、发挥自己的潜能、精神上的娱乐等需要。与物质需求相比,精神上的需求是更高一层次的需求。精神消费需求是人们为改善和提高自身素质而对文化教育、科学技术、艺术欣赏等方面的需要而引发的消费需求。物质消费需求具有一些伸缩性,但伸缩程度相对不大。而精神消费则有很大的伸缩性,在基本物质生活需要得到满足后,精神消费决定了人的生活品质,对于提高人的思想觉悟、心理素质、道德修养、审美观等起着关键作用。

在追求物质上的消费升级之后,以新中产为代表的消费者开始回归理性,注重个人体验,出现精神消费升级的趋势,更多地为体验和服务付费,关注个体的未来发展,愿意通过购买合适的产品和服务成为更理想的自己。物质消费需求向精神消费需求的转变,使得人们对于对优秀文化产品的需求不断增加。不论是国外优秀文化产品的引进来,还是我国优秀文化产品的走出去,都离不开服务业对外开放的不断深化。近年来,中国对外文化贸易保持了良好的发展势头。根据商务部公布的数据,2017 年,我国文化产业进出口总额达到 1 265 亿美元,其中文化产品和文化服务总出口额为 943.6 亿美元,文化产品出口额为 881.9 亿美元,文化产品贸易顺差为 792.6 亿美元。具体到文化服务贸易出现了逆差较大的问题,2017 年文

化服务进口 232.2 亿美元,出口 61.7 亿美元,逆差达到 170.5 亿美元。只有通过文化服务产业的扩大开放,引入全球竞争,才能真正增强企业竞争力,提供具有世界影响力的文化服务产品。

国际版权组织衡量一个国家文化产业竞争力的指标总共有三个:文化产业在GDP 中所占比重、文化产业就业人口数量和文化产业出口能力。我国文化产业总出口额达到近千亿美元,这是一个很大的成就,这个数字接近于 21 世纪初全球文化产品出口额的总和,表明我国文化产品的国际市场占有率和国际市场竞争力已经得到了很大提升,也说明我国文化产业发展水平迈上了一个新台阶。近十年来,欧美国家在国际文化市场结构中所占份额呈现出逐渐缩小的态势,增长速度也在放缓;金砖国家等新兴市场国家在国际文化市场中的比重逐步增加,增长速度较快;而中国文化产品在国际文化市场中的比重迅速扩大,增长速度是全球最快的。在全球化的时代,我国要继续开放服务业,促进文化服务贸易的不断增长,鼓励文化消费的持续发展。

政策的有力扶持和引导是中国对外文化贸易发展一大优势和特点。近两年经济文化领域各项"十三五"规划纷纷出台,为"十三五"时期对外文化贸易的发展提供了综合而有力的政策基础和发展指向。国家于 2017 年 5 月颁布了《国家"十三五"时期文化发展改革规划纲要》,为"十三五"中国文化建设做出了宏观定调。而对外贸易、服务贸易、文化科技产品、影视演艺、图书版权工作等与文化贸易密切关联的领域均出台了相应的规划,如《文化部和旅游部"一带一路"文化发展行动计划(2016—2020 年)》,更是直接针对文化发展实践。梳理分析上述规划,可以看出国家对文化发展的高度重视,对文化贸易的格外青睐,显现出其在创新发展、协调发展、绿色发展、开放发展以及共享发展中的重要地位和作用。

第八章

我国服务业开放发展的总体思路

第一节　服务业的划分

一、传统服务业与现代服务业

按照技术含量与服务内容的区别,服务业可以划分为传统服务业与现代服务业。传统服务业主要指为人们日常生活提供各种服务的行业。而根据 2012 年 2 月 22 日国家科技部发布的第 70 号文件,现代服务业是指以现代科学技术特别是信息网络技术为主要支撑,建立在新的商业模式、服务方式和管理方法基础上的服务产业。它既包括随着技术发展而产生的新兴服务业态,如信息服务、技术服务等,也包括运用现代技术对传统服务业的改造和提升,如房地产、金融、文化旅游等。应当注意的是,在国外学者的研究中,并不存在"现代服务业"这个概念,这个词汇是中国在自身发展中提出来的。[①]

二、生产性服务业与生活性服务业

按照服务对象的不同,服务业也可以划分为生产性服务业与生活性服务业。生产性服务业是指可用于商品和服务的进一步生产的非最终消费服务,是生产者在生产者服务业市场上购买的服务,是为生产、商务活动而非直接向个体消费者提供的服务,例如企业咨询、商务服务、研发等。生活性服务业是指满足居民最终消费需求的服务活动,包括居民和家庭服务、健康服务、养老服务、旅游游览和娱乐服

[①] 夏青. 现代服务业演化机制与效应研究[D]. 北京:北京矿业大学,2010.

务、体育服务、文化服务等。

从两种分类方式来看,现代服务业包含了主要的生产性服务业,同时包括部分对国民经济起到重要推动作用的生活性服务业。

第二节　我国服务业目前的行业结构与发展问题

2018 年,我国三产结构继续优化为 7.1%：40.7%：52.2%,服务业对经济增长贡献率超过 50%。根据 2018 年国家服务业质量监测,2017 年,我国服务进出口总额为 46 991.1 亿元,同比增长 6.8%。其中服务出口 15 406.8 亿元,增幅达10.6%,是 2011 年以来服务出口的最高增速。从结构上看,新兴服务进出口额为14 600.1 亿元,增长 11.1%,高于整体增速 4.3 个百分点,占比达 31.1%,提升 1.2个百分点。总体上看,我国服务贸易保持较好的发展势头,出口额持续增长。

图 8.1　中国服务业贸易情况(2013—2017)(单位：亿元)

我国服务业虽然已经取得了长足进步,但在全球竞争中仍存在诸多问题,质量竞争力有待提升。

首先,我国服务贸易的总体竞争力依然远远落后于发达国家。2017 年,我国服务贸易逆差达到 16 177.4 亿元,比上年增长 0.3%,且逆差规模持续扩大。从全球看,我国服务贸易出口排名是全球第 5,但服务贸易出口额不足美国的三分之一,仅占全球的 4.3%,而服务贸易进口额占到全球的 9.2%,是服务贸易五大国中,服务贸易逆差最大的国家。

其次,我国服务业对外出口结构有待调整。2014—2017年,服务贸易出口结构中,所占份额排名前三的是旅游、运输和其他商务服务业。附加值较高的金融、保险、知识产权等占比较低,分别仅占1%、2%、1%。由此可见我国仍以劳动和资源密集型服务出口为主,需要加快结构调整,尽快推动知识密集型、资本密集型产业的"走出去"。必须认识到,我国以初级服务业为主的服务业内部结构导致服务种类不足、服务品质不高等问题,无法满足国内快速增长的升级需求,导致需求外溢、服务贸易逆差不断增加,国内服务业发展水平仍有待提升。"十四五"期间,面对新形势新挑战新任务,我国要进一步破除体制机制障碍,以服务业开放推动开放型经济建设,以对外开放的主动赢得经济发展和国际竞争的主动。

2017五大国服务贸易进出口额

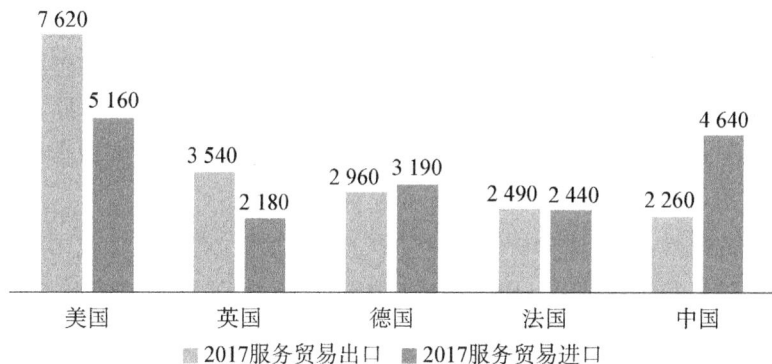

图8.2　全球服务贸易五大国进出口情况(2017)(单位:亿美元)

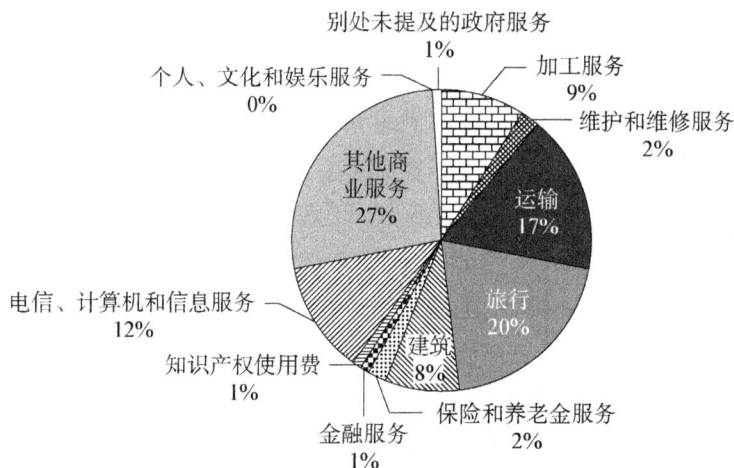

图8.3　2015—2017年我国服务贸易出口分类统计(单位:亿元)

第三节　推进我国服务业开放的总体思路、原则和目标

一、指导思想与基本原则

1. 指导思想

以习近平新时代中国特色社会主义思想为指导,坚持创新、协调、绿色、开放、共享发展理念,从管理机制、政策体系、监管体系、发展模式等多角度入手,提升市场活力,带动供给侧改革,切实提升中国服务的国际竞争力与品牌影响力,推动我国服务业形成全方位、高水平、多层次的特色开放格局。

2. 基本原则

(1) 坚持对外开放,注重防范风险。坚持对外开放,首要是坚持解放思想。以思想解放切实推进我国服务业开放工作进程,解决阻碍我国对外开放工作中的不敢开放和不想开放的问题。科学理性审视服务业对外开放对我国服务业长期发展的影响和作用,下更大决心深化推动服务业对外开放。

注重防范风险,要全面分析服务业开放的潜在风险,客观承认我国目前服务业开放的行业劣势和制度缺陷,积极制定完善服务业开放风险防范体系,重点审慎应对关键领域对外开放的系统性风险。

(2) 重点领域突破,有序循序推进。深化推进我国服务业开放进程,应兼顾重点突破和均衡循序推进。重点突破,即合理制定开放领域和开放区域的优先前后排序。结合各行业本身发展水平与市场优势,推动资源和政策聚焦。对那些影响我国改革开放全局、对我国经济结构性改革起到至关重要作用,决定服务业自身开放成功与否的生产性服务业,以及对满足人民群众日益增长的物质文化需求起到关键调节作用的生活性服务业,应该实施重点优先突破开放。同时对于那些自身服务业基础良好,市场优势明显,市场需求旺盛的区域,应该给予优先开放的发展条件。

重点突破的同时,也需要关注整体服务业开放局面的稳定和平衡。循序渐进推进各地区、各领域服务业的开放,积极创建平衡稳健的开放体系,有序推动服务业对外开放,带动服务业健康发展,根本上促进我国经济体制改革。

(3) 扩大对外开放,兼顾对内开放。推进我国服务业开放的过程中,也应特别注意兼顾对外开放和对内开放的公平性。推进服务业开放,不能仅仅重视对外资

的开放,也需要同步实施对内资的开放。对外资企业和内资企业实施相同标准的市场准入制度,促进不同性质的市场主体公平合理竞争。

避免内资企业垄断国内市场的同时,也需要警惕外资企业享受超国民待遇。

(4)积极主动试验,驱动创新发展。从我国自身发展需求出发,结合我国市场经济体制特色,主动试验服务业开放体制机制,促进服务业管理制度改革,树立"以我为主、主动试验"原则,通过主动试验、主动推广,积极积累服务业开放经验。近年来,我国先后批复成立上海、广东、海南等12处自由贸易试验区以及北京、天津、上海、深圳等多地服务贸易创新发展试点,这些试验措施,旨在进一步深化促进我国改革创新,均有利于我国深入探索适应服务贸易创新发展的体制机制、政策措施和开放路径。要逐项落实试点任务,不断总结推广经验。与此同时,积极应对国际压力,将区域、多双边国际协定的倒逼压力转化为促改革促发展的动力机遇,积极推进中美、中欧、东盟等双多边区域贸易投资谈判,积极寻求我国服务业贸易发展机遇,破解服务业开放难题。

二、发展目标

1. 深化服务业开放,多维度提高服务业发展水平,推动我国经济结构性改革

推进服务业开放的重要目的之一是为了促进我国服务业更好发展。服务业作为国民经济的重要组成部分,是未来支撑国民经济长期稳定发展的重要支柱。我国服务业,经历改革开放40年,虽然已取得显著进步,但整体发展水平和西方发达国家仍存在一定差距。

首先,通过深化服务业开放,推进服务业供给侧改革,全面提升服务产品质量,促进和改善居民消费水平,推动宏观经济需求结构调整,增强消费对经济的拉动作用。

其次,通过竞争要素的引入,完善服务业市场机制,构建稳健市场体系。高层次、国际化、高品质的境外资金、技术、人才、管理标准、市场理念等要素的进入,无疑将会推动我国服务市场体系的有序、健康发展。稳健、开放、有序的市场构建,可以有效地防范、吸收、对冲市场风险。

再次,通过扩大服务业开放,促进服务业发展和制造业升级,根本上推动我国产业结构战略调整。服务业开放,有利于引进更为前瞻、先进的生产性服务业要素,例如科技服务、电子商务等,推动我国制造业服务化,提升我国全球价值链地位,增强产品附加值,实现制造业转型升级。

2. 提升全球经贸体系话语权,优化我国对外贸易结构

如今,全球经贸体系正处于阵痛变革期,WTO 框架下的多边贸易治理体系已经无法满足日益复杂而多元的国际贸易趋势。长期以来,我国服务业开放水平较低,制约了我国参与全球经贸治理的能力和角色。利用服务业扩大开放,积极参与国际贸易规则的新一轮谈判,有助于重新定位我国在全球经贸体系中的位置。

作为全球第二大经济体,我国服务贸易依然长期处于逆差状态,服务出口仍有具有较大潜力和空间。通过服务业对外开放,积极推动服务出口和对外投资,从跨境交付、境外消费、商业存在、自然人流动等多种模式打开服务贸易格局。优化我国对外贸易结构,提升服务贸易比例,在全球贸易结构变革中抢占先机,逐步降低服务贸易逆差,缩小与发达国家的服务贸易差距。

第九章

我国服务业开放发展的重点与对策

第一节　我国服务业开放重点领域筛选原则

"十四五"期间,服务业对外市场开放的重点领域选择,一是要重视市场对外开放可能会引起国内的产业安全问题,优先选择我国具有比较优势的产业进行开放;二要充分认识国际竞争对于产业发展带来的促进作用,积极推动国内市场竞争已经比较充分的服务行业主动开放,迎接挑战;三要对接国家层面的"负面清单"、开放目录与指导政策,结合北京、上海自贸区等开放前沿阵地的开放经验,推动已有一定经验的重要行业深化开放。

一、基于比较竞争优势的重点开放领域筛选

基于实证研究,盛斌,马盈盈(2014)从贸易增加值角度的研究表明,金融、保险、计算机和信息服务、咨询、研发设计等行业国际竞争力仍然较弱,制造业技术知识服务更多依赖进口[①]。陈虹、章国荣、王新星(2008)基于竞争优势指数(TC 指数[②]),指出我国在新兴服务行业上存在很明显的比较劣势,行业技术水平和服务供应等明显落后,并指出服务贸易在劳动密集型(如建筑)和资源密集型行业(如旅

---

① 盛斌,马盈盈. 中国服务贸易出口结构和国际竞争力分析:基于贸易增加值的视角[J]. 东南大学学报 (哲学社会科学版),2018(1):39-48.

② TC 指数＝(出口－进口)/(出口＋进口)。指数越接近于 1 竞争力越大,等于 1 表示该产业只出口 不进口;指数越接近于－1 竞争力越弱,等于－1 表示该产业只进口不出口;等于 0 表示该产业竞 争力处于中间水平。

游)具备一定的竞争力①。随着"十三五"期间经济结构转型与人民消费习惯的转变,有研究以 2014 年—2017 年的最新数据,基于 TC 指数给出了我国服务业在国际竞争中的比较优势行业(见表 9.1)。根据 TC 指数近四年的变化,我国应当基于目前的竞争优势,继续扩大建筑、计算机和信息服务、金融等优势领域的开放,同时提振旅游、运输等市场竞争较为充分、占据贸易出口较大份额的行业,积极利用国际开放机会促进国内服务业水平提升。

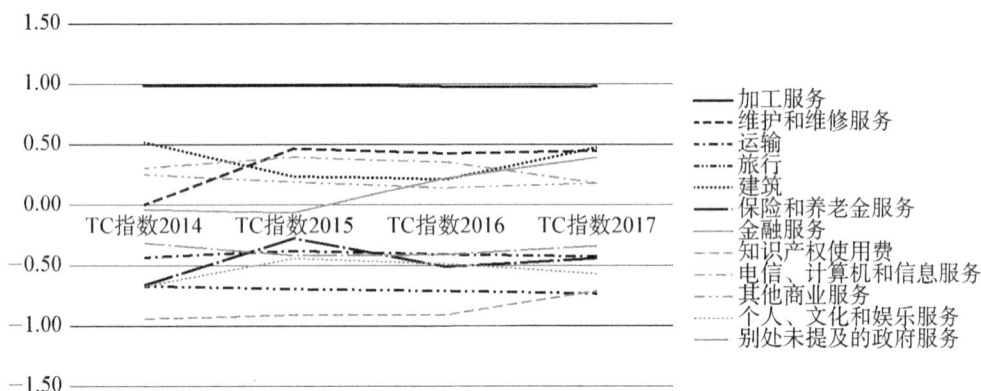

图 9.1   2014—2017 年我国服务贸易各行业 TC 指数变化情况

表 9.1   基于 TC 指数的我国服务贸易比较优势行业

分类	TC 指数	行业
比较优势行业	各年 TC 指数均为正值	加工服务、维护和维修服务、建筑、电信、计算机和信息服务、其他商务服务
比较弱势行业	各年 TC 指数均为负值	运输、旅行、保险和养老金服务、知识产权、个人、文化和娱乐服务、政府服务
从弱势行业向优势行业跨越的行业	TC 指数由负向正转变	金融

二、基于政策引导与开放经验的重点开放领域筛选

"十四五"期间我国服务业对外开放的重点领域也要考虑目前政策已经打开的产业机会窗口。随着我国开放型经济新体制的构建,新一轮较高水平的对外开放

---

① 陈虹,章国荣. 中国服务贸易国际竞争力的实证研究[J]. 管理世界,2010,(10): 13 - 23.

势在必行。2017 年,国务院《关于扩大对外开放积极利用外资若干措施》明确服务业重点放宽银行类金融机构、证券公司、证券投资基金管理公司、期货公司、保险机构、保险中介机构外资准入限制,放开会计审计、建筑设计、评级服务等领域外资准入限制,推进电信、互联网、文化、教育、交通运输等领域有序开放。同时积极推动鼓励外商投资高端制造、智能制造、绿色制造等,以及工业设计和创意、工程咨询、现代物流、检验检测认证等生产性服务业。2018 年,商务部提出下一步将重点扩大金融、电信、医疗、教育、养老等领域开放,进一步放宽甚至取消银行、证券、基金管理、期货、金融资产管理公司等领域对外资的股比限制。国家发展改革委关于《鼓励外商投资产业目录(征求意见稿)》重点提出要推动外商在交通、物流、电子商务、软件、咨询、文化娱乐等领域的投资。

三、我国服务业重点开放领域

基于产业竞争力与政策支持,我国"十四五"期间服务业对外开放,应当重点考虑开放金融领域,有序开放互联网信息、教育、医疗、养老等关系民生安全的行业领域,同时深化建筑、交通等竞争相对比较充分的部门主动对外开放。要通过服务业全面开放,促改革、促发展,带动服务业的全面发展,既要"引进来",也要"走出去",推动我国对外贸易发展方式的根本转变。

表 9.2　我国"十四五"期间服务业对外开放重点领域

开放类型	服务业类别	国际贸易服务内容
重点开放	金融业	包括银行、证券、基金管理、期货、保险等多种服务
有序开放	电信增值服务	主要包括信息服务业务、存储转发类业务、在线数据处理与交易处理业务,并在试点区进行业务领域的更大范围开放。
	教育服务	禁止投资义务教育机构、宗教教育机构。学前、普通高中和高等教育机构限于中外合作办学(2018 外商投资负面清单)
	医疗服务	医疗机构限于合资、合作(2018 外商投资负面清单)
	养老服务	医疗机构限于合资、合作(2018 外商投资负面清单)
深化开放	建筑服务业	指国际间围绕建筑产品的生产以及与建筑业生产活动相关的工程总承包、项目融资、设计咨询、运营维护管理等所有的服务过程。目前在试点地区内允许外籍人员执业提供工程咨询服务。
	交通运输服务业	在运输服务领域,已经实现公路货运、国际集装箱多式联运、国际海运辅助服务完全放开,未来将重点开放国际海运的全面开放

第二节   重点领域对外开放的阶段目标及具体任务

一、金融业对外开放目标及任务

1. 阶段发展目标

按照准入前国民待遇和负面清单的原则,主动有序扩大金融业对外开放。到2021年,取消证券公司、基金管理公司、期货公司、人身险公司的外资持股比例限制;有序放宽取消外资机构和业务准入条件,扩大外资机构业务范围,优化外资机构监管规则,提升外资金融机构营商便利度。到2025年,借助开放机会,增强金融服务实体经济的能力,建立更为强韧的金融体系,实现我国金融服务国际竞争力的实质提升,推动我国经济的高质量发展。

2. 发展任务

(1)有序取消金融业外资持股比例。

取消银行和金融资产管理公司的外资持股比例限制,允许外国银行在我国境内同时设立分行和子行。将证券公司、基金管理公司、期货公司、人身险公司的外资持股比例上限放宽至51%,到2021年后不再设限。取消对商业银行新发起设立的金融资产投资公司和理财公司的外资持股比例上限限制。不再要求合资证券公司境内股东至少有一家是证券公司。

(2)扩大外资金融业务范围。

鼓励在信托、金融租赁、汽车金融、货币经纪、消费金融等银行业金融领域引入外资。积极发展保险业务,允许符合条件的外国投资者来华经营保险代理业务和保险公估业务,并放开外资保险经纪公司经营范围,与中资机构一致。大幅度扩大外资银行业务范围,允许外商独资银行、中外合资银行、外国银行分行在提交开业申请时同时申请人民币业务。放开对合资证券公司业务范围的单独设限。

(3)提升外国金融机构营商便利度。

减少行政审批,弱化政策约束,全面取消外资保险公司设立前需开设2年代表处要求。稳步推进人民币资本项目可兑换,实行负面清单管理,提高政策透明度和可预期性,创造公平竞争的市场环境,提升国外资本落地中国的便利度。

(4)加快国内金融机构走出去。

加快融入全球金融市场,形成双向开放的发展局面。提升中国金融机构国际化经营能力,支持有实力的金融机构通过设立境外分支机构、并购等多种渠道开展境外业务,适时引导证券等金融机构到境外开展国际业务。提高金融资源配置效率,进一步完善内地与国外资本市场的互联互通机制,扩大互联互通、沪股通、深股通、港股通的开放程度,继续稳步拓展跨境内外资本交易连通机制。深化人民币汇率改革,配合"一带一路"战略机遇稳步开展跨境人民币贷款、境外人民币债券融资和权益融资,加快人民币国际化进程。

(5)提升金融监管水平。

扩大开放与加强监管密切结合,加快弥补金融监管的制度短板和监管空白,做好相应配套措施,加强对跨境资本流动的监测、分析和预警,守住不发生系统性风险的底线。加快金融法制建设,依法监管、依法惩戒,形成良好的开放法治环境。

二、电信增值服务(信息服务)对外开放目标及任务

1. 阶段发展目标

电信服务业①对外开放主要是指电信增值②服务。我国在 WTO 承诺开放的增值电信业务有:信息服务业务、存储转发类业务、在线数据处理与交易处理业务等三项。"十四五"期间,遵循外商投资准入负面清单,总结自贸区试点经验,积极稳妥地推进电信增值服务领域对外开放。到"十四五"末,借助外资合作稳步提升电信服务水平,培育一批云计算、物联网、移动互联网、下一代互联网的代表企业,增创电信服务贸易新优势。

2. 发展任务及举措

(1)稳妥扩大对外开放范围。

扩大开放地域范围,积极总结上海自贸区、北京等开放试点区域的经验,稳步扩大电信领域开放的地域范围,在完善监管措施后,逐步在全国实施推广。拓展开放业务范围,遵循外商投资准入负面清单,以试点区开放经验为基础,稳步探索呼叫中心业务、国内多方通信服务业务、为上网用户提供的因特网接入服务业务(特定区域内)、国内因特网虚拟专用网业务等电信增值服务的继续开放。延伸信息服

---

① 电信服务业包括基础电信服务与电信增值服务。我国加入 WTO 时承诺经营基础电信业务(无线寻呼业务除外)的外商投资电信企业的外方投资者在企业中的出资比例,最终不得超过 49%。下一阶段对外开放的重点是电信增值服务。

② 根据最新 2018 年外商投资负面清单,禁止投资互联网新闻信息服务、网络出版服务、网络视听节目服务、互联网文化经营(音乐除外)、互联网公众发布信息服务。

务产业链,支持外资试点从事信息技术支持管理、离岸呼叫服务中心等国际服务外包业务,推动服务外包高端化、国际化发展,打造全球领先接包地。

(2)培育开放发展新动能。

鼓励国内外资本在互联网和信息服务业的合作,开放人才引进、技术引进、合作开发等合资合作的便利渠道。提升国内电信服务企业的技术水平与服务质量,支持发展引领产业变革的颠覆性技术,积极推动 5G 移动通信、人工智能物联网、区块链、云计算、量子通信等服务模式与商业模式的创新,提升电信企业的国际竞争力。

(3)促进跨境电子商务健康快速发展。

重视跨境电子商务对货物贸易的巨大带动作用,鼓励企业开拓全球电子商务服务市场渠道,重点推动与"一带一路"沿线国家的电子商务合作。推进建设跨境电子商务综合试验区发展跨境电子商务产业链。加快完善政策支持与监管体系,并在全国复制推广试验区成功经验。探索在服务业国际规则谈判中加入跨境电子商务规则内容,积极发挥建设性推动作用。

三、建筑服务对外开放目标及任务

1. 阶段发展目标

国际建筑服务贸易主要包括国际工程承包与国际工程咨询。伴随开放进程和市场竞争,我国工程建设企业在全球具有强势竞争力,是具有比较优势的重要服务出口行业。"十四五"期间,要加快中国建筑服务海外拓展模式的结构转变,持续提升行业的国际化水平和竞争力,重点打造一批具有国际知名度和品牌影响力的建筑服务企业,实现从建筑服务大国到建筑服务强国的根本转变,并带动国内建筑业改造提升。

2. 发展任务及举措

(1)试点工程咨询服务的深化开放。

落实已有深化服务贸易创新发展试点政策,允许符合条件的外籍人员在试点地区执业提供工程咨询服务(法律法规有资格要求的除外)。对外资工程设计(不包括工程勘察)企业,取消首次申请资质时对工程设计业绩要求。支持自贸试验区探索制定香港规划、建筑、设计、测量、工程、园境等顾问公司和工程承建商在自贸试验区注册成立公司或提供服务的准入标准和业务范围界定标准,以及香港企业参与自贸试验区内项目投标的资格条件。

（2）推动企业国际发展理念转变。

结合"一带一路"沿线国家合作的深度推进，提升更多企业走出去的国际化意识与能力，积极开拓国际基础设施、商贸物流设施、房地产以及文化和民生工程等领域的业务。鼓励企业独立开拓国际市场，逐步降低对国家对外援建及投资项目的依赖度，以真正提高企业的独立竞争力。

（3）推进能力创新打造国际品牌力。

拓展国内外专业技术、人才、企业交流渠道，促进建筑服务行业的技术与理念向国际顶尖水平看齐，提升中国建筑服务的品牌影响力。以国际项目 DBB、EPC、BOT 的普遍需求为标准，倒逼企业能力创新，尝试探索实行与国际接轨的建筑师负责制，提升企业全过程管理能力。

四、交通业对外开放目标及举措

1. 阶段发展目标

交通运输服务业是我国最早对外开放的行业之一，进出口总额在 2017 年服务贸易各行业中仅次于旅游业。"十四五"期间，要重点推动国际海运业的全面开放，打造一批具有全球竞争力的世界一流交通运输企业，建设航运强国，提升国际话语权。

2. 发展任务及举措

（1）推动海运全面对外开放。

推动国际海运业全面对外开放，取消国际海运及辅助业外资股比限制。推广开放经验，总结自贸试验区航运管理制度创新政策，全国复制推广。深化试点探索，以现代航运服务业和邮轮业为重点，积极探索海南自由贸易港建设。创新国际国内兼营管理模式，大力发展江海联运和江海直达运输。

（2）提升全球连接能力。

瞄准国际先进水平，推动物流服务中高端化、体系化、集约式发展。推动国际供应链行业发展，积极支持港航企业与上下游产业深度融合发展，鼓励物流企业创新商业模式与管理水平，提升全球物流治理能力。打开国际战略通道和战略支点，合理调整船舶运力结构，大力推进现代化海运船队建设，整合全球资源，为我国快速增长的国际贸易提供支持服务。

（3）进一步优化口岸环境。

重点推动"单一窗口"建设，运用信息化手段，完善口岸监管单位执法互助、查验互认、信息互通的管理模式,提升口岸通关服务能力和效率。改善营商环境,减少行政审批事项,降低行政事业性收费,规范经营服务性收费,广泛使用船舶电子证书,提高行政管理效率。

(4) 提升国际话语权。

打造推广"中国标准",以高铁、桥梁、港口为重点,积极自主创新行业技术,实现自主化、标准化和系列化,积极主动地参与国际标准制定。促进交通服务企业向高附加价值领域发展,实现从单一劳务工程承保向资本输出、技术输出、管理输出、标准输出的转变,打造一批具有国际品牌影响力的交通服务领军企业。积极关注交通领域的国际组织,不断提升国际话语权。

五、教育服务对外开放目标及举措

1. 阶段发展目标

我国教育对外开放已经形成多层次、宽领域的基本格局。到"十四五"期末,要实现教育对外开放的提质升级,有效拓展双边多边教育合作和人文交流的广度和深度,更好满足人民群众多样化、高质量教育需求,提升我国留学教育在全球的吸引力。

2. 发展任务及举措

(1) 优化双向留学与人才交流。

规范留学市场,为人民群众提供高质量的留学服务体系。打造"留学中国"品牌,优化来华留学的生源质量与专业布局,提升涉外专业与课程建设,加强我国教育在世界留学领域中的品牌力量。扩大奖学金资助规模,选派优秀人才进行国际化培养,主动引导更多外国新生来华学习或研修。推动国际人才交流平台的建设,促进更多国际学术会议、论坛在我国召开,深化人文交流机制建设。

(2) 提升教育国际合作水平。

完善国际合作办学的准入制度,改革审批制度,强化退出机制,推进外籍教师资格认证,打造一批高质量涉外办学项目。借助合作办学,重点围绕自然科学与工程科学类专业建设,引进世界一流大学和特色学科的高水平人才与管理经验,加快我国世界级一流大学和一流学科的建设。支持国内科研院所参与国际重大科学计划和科学工程,推动建设国内高水平实验室与科研中心,加快高水平师资能力建设,切实提升国家科研与教育输出能力。深化双边多边教育合作,完善与发达国家及"一带一路"沿线各国的教育合作机制,积极对发展中国家尤其是最不发达国家开展一体化教育援助。

（3）加快参与国际教育评估规则制定。

加快开发与国际标准对接的职业教育课程体系,促进职业工人素质向国际领先水平看齐,积极参与制定职业教育国际标准。整合搭建政府间教育高层磋商,推广中国教育发展经验与模式。培养具有国际视野、熟知标准规则的教育评估专家与机构,提升国际教育质量标准的话语权。

六、医疗服务对外开放目标及举措

1. 阶段发展目标

"十四五"期间,以改善人民健康福祉为宗旨,借助医疗服务对外开放,改善国内医疗服务供给。同时以"一带一路"发展为契机,打造沿线国家医疗卫生合作网络,使我国在地区性、全球性卫生多边治理能力和作用明显增强。

2. 发展任务及举措

（1）推动国际医疗开放先行区建设。

搭建国内外医疗合作先行区,在海南、粤港澳大湾区等地区率先试点开放政策,加快国外药物、设备、技术、服务的引进,并在发展成熟后逐步向全国推广经验。推动医疗服务与旅游、康养等产业深度融合,全力打造一批国际一流的医疗旅游目的地。

（2）建立国内外医疗资源共享体制。

建立外国人医生资格认定制度,完善外国优秀医师在华执业的管理机制,借助市场竞争进一步提升我国医疗服务质量,满足我国国际化进程需要。推动医疗服务与周边国家医疗保险的有效衔接,建立跨境远程医疗服务网络,实现优质医疗资源共享。积极推动专业人才交流,鼓励开展卫生政策研究和交流活动,推动医疗新理念的双向沟通。

（3）打造"一带一路"深度卫生合作网络。

逐步建立与"一带一路"沿线国家的传染病信息沟通机制,强化与周边国家的传染病跨境联防联控机制。完善对沿线国家短期医疗援助和应急医疗救助处置协调机制。发挥多边合作机制作用,搭建与上海合作组织、东盟、亚太经合组织等成员国的高端对话,提升中国在区域和全球医疗服务和卫生治理领域的影响力。

（4）积极推广中医药文化。

积极鼓励中医药企业"走出去"，推广中国传统中医药治疗理念。支持国内中医药产业链提升，在医疗、教育、科研及产品等方面创新发展，打造中医养生国际知名度，提升国家软实力。

七、养老服务对外开放目标及举措

1. 阶段发展目标

随着老龄化进程加快，养老服务对外开放是"十四五"期间养老体制改革的重要组成部分。到 2025 年，通过外资养老服务完善养老服务中高端供给，推动养老服务质量提升，实现对我国养老体系的有益补充。

2. 发展任务及举措

（1）继续拓展养老国际合作。

支持境内外资本投资举办养老机构，落实同等优惠政策，满足人民多层次、多元化的养老服务需求。增强养老服务领域的高层对话与会展交流，积极推进社区嵌入型、城市医养结合型和 CCRC① 持续照料退休社区等养老新模式。

（2）创新改革养老服务供给内容。

发挥外资养老服务经验优势，提升国内介助和介护养老服务等薄弱环节。借助合资合作，充分吸收国外养老服务业的先进管理手段、养老理念与服务标准，提升养老服务与用品的种类与数量，推动人员交流与国际行业标准互动，切实提高养老服务质量。

（3）稳步探索养老金全球化配置。

目前我国居民养老金以基本养老金制度为主，企业年金和个人储蓄养老保险为辅。养老金管理的高质量、高效率、可持续发展是国民养老体系的重要支撑。"十四五"期间，要探索放开养老金管理机构的境外投资，稳妥推进养老金的全球化资产配置，有效分散风险、改善投资收益。

---

① CCRC：复合式的老年社区，通过为老年人提供自理、介护、介助一体化的居住设施和服务，使老年人在健康状况和自理能力变化时，依然可以在熟悉的环境中继续居住，并获得与身体状况相对应的照料服务。

第三节　扩大服务业对外开放的对策建议

一、建立保障体系和风险防范

1. 建立保障体系

（1）健全合力保障制度。

各地各级政府应重视服务业发展工作，加强组织保障，合力推进，引导服务产业健康稳步发展。成立促进服务业发展工作领导小组，集中组织研究促进服务业发展的重大政策、协同重大决策。同时，明确政府相关部门职能职责，做好对现代服务业发展的管理服务、统一监管和统筹计划。联合相关社会研究机构，成立服务业开放和发展相关专家委员会，因地制宜为自身服务业发展出谋划策，提升政府对现代服务业发展、服务业对外开放的认知和管理水平。

（2）创新工作管理机制。

探索建立先进的服务贸易清单管理制度，推动相关贸易全流程管理，积极推动实施"负面清单"在服务贸易领域的应用。探索试验服务贸易发展绩效评价与考核机制，同时完善服务贸易统计监测体系和服务贸易监管模式。

（3）加大金融保障力度。

加大金融对服务业改革发展的支持力度。深化外汇管理改革，优化境外投资相关办理程序，促进跨境投融资便利程度，积极推动金融产品和服务方式的创新，加大对重点服务领域企业信贷力度支持。

（4）强化高端人才集聚。

积极推广国际高端服务业人才便利绿卡制度，在社会福利、教育、医疗等方面加大政策支持力度，增加人才吸引力，推进人才流动的便利性，支持有条件的地区建立外籍人才和本地人才互助交流的生活社区、培训机制。积极推动国际人才要素的集聚，积极推动与国际接轨的创新创业环境建设。

2. 积极防范风险

（1）加强市场风险防范意识。

扩大服务业对外开放，其实质是推动市场的开放。要认识到在开放过程中由于机制不健全引起的经济风险。因此，改善市场环境，营造公平开放、竞争有序的营商环境是抵御、缓冲、吸纳和化解经济风险的基础。

（2）完善外资安全审查制度。

外资安全审查是管控不良外资进入国内市场的关键举措。有序引导外资并购国内企业，严格执行外资安全审查流程、维护国家资产安全。外资安全审查中，应注重流程的独立性和公平性，避免由外资审批和管理的相关机构主持安全审查。

（3）加强金融开放监管体系。

积极推进建立及完善金融开放领域的审慎监管机制和配套措施。完善相关银行监管体系，提升监管能力，丰富监管手段，一方面能够便利外资的深度参与，推动落实大幅度放宽市场准入，另一方面能够加强对跨境资本的流动的监测、分析和预警，严防跨境资本对中国金融稳定和金融安全带来冲击。

（4）建立反垄断监督审查机制。

建立反垄断审查机制对于维护市场公平竞争至关重要，一般实行事中事后监管。伴随服务业市场对内对外的不断开放，需建立完善服务业领域反垄断审查机制，实现对服务业开放的促进和保障。

二、健全法律法规制度和优化发展环境

1. 健全法规法律制度

一方面，应积极营造公平公正的法治氛围，深化"放管服"改革，加快完善服务业对外开放的相关法律法规体系，强化服务业市场依法监管，营造公开、规范、透明的行业发展环境。另一方面，积极构建与国际接轨的法治生态。积极参与国际服务贸易规则制定，努力构建能够与国际接轨的服务业贸易法治生态，在各个领域，为各类不同市场主体打造更为公平、透明、稳定的投资环境，更好地维护投资者的合法权益。推进我国外商投资法律制度建设，为内外资同等公平竞争提供法制保障。

2. 提升社会环境与营商环境

（1）优化社会信用环境。

一方面，建立健全社会信用体系，建立完善个人信用记录制度，推动信用信息化系统建设，完善失信惩戒、守信激励等信用管理制度，通过多部门联合，对社会信用环境进行联动治理，营造诚信经商的社会信用环境。另一方面，加强知识产权保护，健全知识产权管理机制和服务体系，打造知识产品公平交易平台和监管体系。

（2）构建友好营商环境。

营商环境是影响服务业外资发展的重要影响因素。高效、便捷、公平的营商环

境甚至比优惠的税收、土地政策更加具备吸引力。建议加强各级政府部门开展营商环境评价指标体系培训,建立营商环境评价工作方案,积极推动各级地方营商环境优化,在数据共享、基础设施互通互联、人才引进,信用管理、项目管理等方面发力,促进优质外资的投资便利化和自由化。

附录 1

关于新时代服务业高质量发展的指导意见

发改产业〔2019〕1602 号

为深入贯彻党的十九大精神，落实《中共中央、国务院关于推动高质量发展的意见》要求，促进我国服务业高质量发展，国家发展改革委、市场监管总局制定《关于新时代服务业高质量发展的指导意见》。指导意见突出宏观统筹，围绕制约服务业高质量发展的薄弱环节和共性问题部署任务，分行业高质量发展由行业主管部门部署实施。

一、总体思路

（一）指导思想。

以习近平新时代中国特色社会主义思想为指导，全面贯彻党的十九大和十九届二中、三中全会精神，统筹推进"五位一体"总体布局，协调推进"四个全面"战略布局，坚定践行新发展理念，深化服务业供给侧结构性改革，支持传统服务行业改造升级，大力培育服务业新产业、新业态、新模式，加快发展现代服务业，着力提高服务效率和服务品质，持续推进服务领域改革开放，努力构建优质高效、布局优化、竞争力强的服务产业新体系，不断满足产业转型升级需求和人民美好生活需要，为实现经济高质量发展提供重要支撑。

（二）主要原则。

以人为本，优化供给。坚持以人民为中心的发展思想，更多更好满足多层次多样化服务需求，不断增强人民的获得感、幸福感、安全感。优先补足基本公共服务短板，着力增强非基本公共服务市场化供给能力，实现服务付费可得、价格合理、优质安全，以高质量的服务供给催生创造新的服务需求。

市场导向，品牌引领。顺应产业转型升级新趋势，充分发挥市场配置资源的决定性作用，更好发挥政府作用，在公平竞争中提升服务业竞争力。坚持质量至上、标准规范，树立服务品牌意识，发挥品牌对服务业高质量发展的引领带动作用，着力塑造中国服务品牌新形象。

创新驱动,跨界融合。贯彻创新驱动发展战略,推动服务技术、理念、业态和模式创新,增强服务经济发展新动能。促进服务业与农业、制造业及服务业不同领域间的融合发展,形成有利于提升中国制造核心竞争力的服务能力和服务模式,发挥中国服务与中国制造组合效应。

深化改革,扩大开放。深化服务领域改革,破除制约服务业高质量发展的体制机制障碍,优化政策体系和发展环境,最大限度激发发展活力和潜力。推动服务业在更大范围、更宽领域、更深层次扩大开放,深度参与国际分工合作,鼓励服务业企业在全球范围内配置资源、开拓市场。

(三)总体目标。

到2025年,服务业增加值规模不断扩大,占GDP比重稳步提升,吸纳就业能力持续加强。服务业标准化、规模化、品牌化、网络化和智能化水平显著提升,生产性服务业效率和专业化水平显著提高,生活性服务业满足人民消费新需求能力显著增强,现代服务业和先进制造业深度融合,公共服务领域改革不断深入。服务业发展环境进一步改善,对外开放领域和范围进一步扩大,支撑经济发展、民生改善、社会进步的功能进一步增强,功能突出、错位发展、网络健全的服务业高质量发展新格局初步形成。

二、重点任务

(一)推动服务创新。

加强技术创新和应用,打造一批面向服务领域的关键共性技术平台,推动人工智能、云计算、大数据等新一代信息技术在服务领域深度应用,提升服务业数字化、智能化发展水平,引导传统服务业企业改造升级,增强个性化、多样化、柔性化服务能力。鼓励业态和模式创新,推动智慧物流、服务外包、医养结合、远程医疗、远程教育等新业态加快发展,引导平台经济、共享经济、体验经济等新模式有序发展,鼓励更多社会主体围绕服务业高质量发展开展创新创业创造。推动数据流动和利用的监管立法,健全知识产权侵权惩罚性赔偿制度,建设国家知识产权服务业集聚发展区。

(二)深化产业融合。

加快发展农村服务业,引导农业生产向生产、服务一体化转型,探索建立农业社会化服务综合平台,推动线上线下有机结合;支持利用农村自然生态、历史遗产、地域人文、乡村美食等资源,发展乡村旅游、健康养老、科普教育、文化创意、农村电商等业态,推动农业"接二连三"。打造工业互联网平台,推动制造业龙头企业技术研发、工业设计、采购分销、生产控制、营运管理、售后服务等环节向专业化、高端化跃升;大力发展服务型制造,鼓励有条件的制造业企业向一体化服务总集成总承包商转变;开展先进制造业与现代服务业融合发展试点。以大型服务平台为基础,以大数据和信息技术为支撑,推动生产、服务、消费深度融合;引导各地服务业集聚区升级发展,丰富服务功能,提升产业能级;推进港口、产业、城市融合发展;深入开展服务业综合改革试点。

（三）拓展服务消费。

补齐服务消费短板,激活幸福产业潜在服务消费需求,全面放开养老服务市场,在扩大试点基础上全面建立长期护理保险制度;简化社会办医审批流程,鼓励有实力的社会机构提供以先进医疗技术为特色的医疗服务;加快建立远程医疗服务体系,推动优质资源下沉扩容;支持社会力量兴办托育服务机构。打造中高端服务消费载体,吸引健康体检、整形美容等高端服务消费回流。推动信息服务消费升级、步行街改造提升,支持有条件的地方建设新兴消费体验中心,开展多样化消费体验活动。鼓励企业围绕汽车、家电等产品更新换代和消费升级,完善维修售后等配套服务体系。着力挖掘农村电子商务和旅游消费潜力,优化农村消费市场环境。完善消费者保护机制,打造一批放心企业、放心网站、放心商圈和放心景区。

（四）优化空间布局。

围绕京津冀协同发展、粤港澳大湾区建设、推进海南全面深化改革开放、长江三角洲区域一体化发展等国家战略,建设国际型、国家级的现代服务经济中心,形成服务业高质量发展新高地。推动城市群和都市圈公共服务均等化和要素市场一体化,构建城市群和都市圈服务网络,促进服务业联动发展和协同创新,形成区域服务业发展新枢纽。强化中小城市服务功能,打造一批服务业特色小镇,形成服务周边、带动农村的新支点。完善海洋服务基础设施,积极发展海洋物流、海洋旅游、海洋信息服务、海洋工程咨询、涉海金融、涉海商务等,构建具有国际竞争力的海洋服务体系。

（五）提升就业能力。

大力发展人力资源服务业,培育专业化、国际化人力资源服务机构,加快人力资源服务产业园建设,鼓励发展招聘、人力资源服务外包和管理咨询、高级人才寻访等业态。支持企业和社会力量兴办职业教育,鼓励发展股份制、混合所有制等多元化职业教育集团（联盟）,完善职业教育和培训体系。鼓励普通高等学校、职业院校增设服务业相关专业,对接线上线下教育资源,推动开展产教融合型城市和企业建设试点。围绕家政服务、养老服务、托育服务、健康养生、医疗护理等民生领域服务需求,提升从业人员职业技能,增强服务供需对接能力。

（六）建设服务标准。

瞄准国际标准，推动国际国内服务标准接轨，鼓励社会团体和企业制定高于国家标准或行业标准的团体标准、企业标准。完善商贸旅游、社区服务、物业服务、健康服务、养老服务、休闲娱乐、教育培训、体育健身、家政服务、保安服务等传统服务领域标准，加快电子商务、供应链管理、节能环保、知识产权服务、商务服务、检测认证服务、婴幼儿托育服务、信息技术服务等新兴服务领域标准研制。开展服务标准、服务认证示范，推动企业服务标准自我声明公开和监督制度全面实施。

（七）塑造服务品牌。

支持行业协会、第三方机构和地方政府开展服务品牌培育和塑造工作，树立行业标杆和服务典范，选择产业基础良好、市场化程度较高的行业，率先组织培育一批具有国际竞争力的中国服务品牌和具有地方特色的区域服务品牌。研究建立服务品牌培育和评价标准体系，引导服务业企业树立品牌意识，运用品牌培育的标准，健全品牌营运管理体系。加强服务品牌保护力度，依法依规查处侵权假冒服务品牌行为。开展中国服务品牌宣传、推广活动，以"一带一路"建设为重点，推动中国服务走出去。

（八）改进公共服务。

紧密围绕城乡居民优质便利生活需求，统筹规划公园绿地、无障碍通道、公共交通、停车场地、社区卫生中心、村卫生室、村级综合文化服务中心等基础设施建设，合理布局社区养老、托育中心、便利店、洗衣房、售后维修、物流快递等便民服务设施，提升各类公共文化、体育场馆免费或低收费开放服务水平。制定完整社区建设标准，明确社区各类服务设施配置标准和建设要求。推进政务服务"一网通办"、现场办理"最多跑一次"，提高政府服务群众、服务企业水平和能力。加快政务信息系统整合，建立全国统一、多级互联的数据共享交换平台体系。在保障信息安全前提下，建立健全税务、市场监管、社保、海关、医疗机构等领域的信息查询系统，提高标准化、便利化、规范化水平。建立政务服务"好差评"制度，提高柔性化治理、精细化服务水平。

（九）健全质量监管。

推动服务业企业采用先进质量管理模式方法，公开服务质量信息，实施服务质量承诺，开展第三方认证。制定服务质量监测技术指南等规范，加快构建模型统一、方法一致、结果可比的服务质量监测体系。加强服务质量监测评价技术机构布局建设，服务质量监测评价能力和范围基本覆盖到主要服务行业和公共服务领域，定期通报监测结果，督促引导社会各方提高服务质量水平。加快服务质量监管立法，建立健全服务质量监管协同处置机制，及时依法调查处理重大服务质量安全事件,不断完善服务质量治理体系。

（十）扩大对外开放。

稳步扩大金融业开放,加快电信、教育、医疗、文化等领域开放进程,赋予自贸试验区更大改革自主权。积极引进全球优质服务资源,增强服务业领域国际交流与合作,以"一带　路"建设为重点,引导有条件的企业在全球范围配置资源、拓展市场,推动服务业和制造业协同走出去。大力发展服务贸易,巩固提升旅游、建筑、运输等传统服务贸易,拓展中医药等中国特色服务贸易,培育文化创意、数字服务、信息通讯、现代金融、广告服务等新兴服务贸易,扩大研发设计、节能环保、质量管理等高技术服务进出口。

三、政策保障

（一）优化营商环境。

深化服务业"放管服"改革,进一步压缩企业开办时间和服务商标注册周期。深化企业简易注销改革,试点进一步压缩公告时间和拓展适用范围。取消企业名称预先核准,开展扩大企业名称自主申报改革试点。推动"非禁即入"普遍落实,全面实施市场准入负面清单制度。制定加快放宽服务业市场准入的意见。坚决查处垄断协议、滥用市场支配地位和滥用行政权力排除限制竞争的行为。对服务业新产业、新业态、新模式,坚持包容审慎监管原则,在质量监控、消费维权、税收征管等方面实施线上线下一体化管理。推进服务市场信用体系建设,建立市场主体信用记录,健全对失信主体的惩戒机制。探索建立涉及民生安全的重点服务领域从业人员守信联合激励和失信联合惩戒制度,完善服务消费领域信用信息共享共用机制。加强服务环境综合治理,强化服务业价格监管,及时查处消费侵权等问题。

（二）加大融资支持。

进一步完善有关金融政策,引导金融机构在风险可控、商业可持续的前提下创新机制和产品,按照市场化、商业化原则拓展企业融资渠道。鼓励金融机构积极运用互联网技术,打通企业融资"最后一公里",更好地满足中小企业融资需求。探索通过新技术、新模式,进一步优化中小企业银行账户服务。发展动产融资,依托现有交易市场,合规开展轻资产交易,缓解中小服务业企业融资难题。引导创业投资加大对中小服务业企业的融资支持,支持符合条件的技术先进型服务业企业上市融资,支持科技型企业利用资本市场做大做强。

（三）强化人才支撑。

鼓励服务业从业人员参加职业技能鉴定(或职业技能等级认定、专项职业能力考核),对通过初次职业技能鉴定并取得职业资格证书(或职业技能登记证书、专项职业能力证书)的,按规定给予一次性职业技能鉴定补贴。进一步畅通非公经济组织人员和自由职业者职称申报渠道。实施更加开放的人才引进政策,加大对海外高端服务业人才的引进力度,改革完善人才培养、使用、评价机制。运用股权激励递延纳税等政策,鼓励服务业企业采用股权激励等中长期激励方式引留人才。完善灵活就业人员社会保险政策。

(四)保障用地需求。

优化土地供应调控机制,保障服务业高质量发展用地需求。适应服务业新产业、新业态、新模式特点,创新用地供给方式。实施"退二进三""退低进高",对提高自有工业用地容积率用于自营生产性服务业的工业企业,依法按新用途办理相关手续。加强历史建筑的活化利用,有效发挥历史建筑服务功能。

(五)落实财税和价格政策。

落实支持服务业发展的税收优惠政策,做好政策宣传和纳税辅导,确保企业充分享受政策红利。加大政府购买服务力度,扩大购买范围,优化政府购买服务指导性目录,加强购买服务绩效评价。降低一般工商业电价,全面落实工商用电同价政策,推动地方落实国家鼓励类服务业用水与工业同价;在实行峰谷电价的地区,有条件的地方可以开展商业用户选择执行行业平均电价或峰谷分时电价试点。落实社区养老服务机构税费减免、资金支持、水电气热价格优惠等扶持政策。

(六)建立健全统计制度。

健全服务业统计调查制度,建立健全生产性、生活性服务业统计分类,完善统计分类标准和指标体系,提高统计数据及时性和精准度。逐步建立生产性、生活性服务业统计信息定期发布制度,建立健全服务业重点领域统计信息在部门间的共享机制,逐步形成年度、季度信息发布机制。

各地区、各有关部门要强化主体责任,形成工作合力,认真落实指导意见各项任务要求。各地方要加强组织领导,结合实际抓好贯彻落实,切实推动本地区服务业高质量发展,及时向有关部门报告进展情况。各有关部门要按照职责分工,细化制定配套政策,加强对地方工作的督导,推动指导意见有效落实。要充分发挥服务业发展部际联席会议制度作用,细化实化工作任务和完成时限,适时开展服务业高质量发展评估工作,加强对指导意见实施的督促检查,扎实推动服务业高质量发展取得实效。

国家发展改革委

市场监管总局

2019 年 10 月 2 日

附录 2

国务院关于加快发展服务贸易的若干意见

国发〔2015〕8 号

近年来,我国服务贸易发展较快,但总体上国际竞争力相对不足,仍是对外贸易"短板"。大力发展服务贸易,是扩大开放、拓展发展空间的重要着力点,有利于稳定和增加就业、调整经济结构、提高发展质量效率、培育新的增长点。为适应经济新常态,加快发展服务贸易,现提出以下意见:

一、总体要求

(一)指导思想。深入贯彻党的十八大和十八届二中、三中、四中全会精神,以深化改革、扩大开放、鼓励创新为动力,着力构建公平竞争的市场环境,促进服务领域相互投资,完善服务贸易政策支持体系,加快服务贸易自由化和便利化,推动扩大服务贸易规模,优化服务贸易结构,增强服务出口能力,培育"中国服务"的国际竞争力。

(二)基本原则。

深化改革,扩大开放。深化服务业改革,放宽服务领域投资准入,减少行政审批事项,打破地区封锁和行业垄断,破除制约服务业发展的体制机制障碍;坚持有序推进服务业开放,以开放促改革、促发展、促创新。

市场竞争,政府引导。发挥市场在服务贸易领域资源配置中的决定性作用,着力激发各类市场主体发展新活力;强化政府在制度建设、宏观指导、营造环境、政策支持等方面的职责,更好发挥政府引导作用。

产业支撑,创新发展。注重产业与贸易、货物贸易与服务贸易协调发展。依托制造业优势发展服务贸易,带动中国服务"走出去";发挥服务贸易的支撑作用,提升货物贸易附加值。夯实服务贸易发展基础,增强服务业的国际竞争力。

(三)发展目标。服务业开放水平进一步提高,服务业利用外资和对外投资范围逐步扩大、质量和水平逐步提升。服务贸易规模日益扩大,到 2020 年,服务进出口额超过 1 万亿美元,服务贸易占对外贸易的比重进一步提升,服务贸易的全球占比逐年提高。服务贸易结构日趋优化,新兴服务领域占比逐年提高,国际市场布局逐步均衡,"一带一路"沿线国家在我国服务出口中的占比稳步提升。

二、主要任务

(四)扩大服务贸易规模。巩固旅游、建筑等劳动密集型服务出口领域的规模优势;重点培育运输、通信、金融、保险、计算机和信息服务、咨询、研发设计、节能环保、环境服务等资本技术密集型服务领域发展,既通过扩大进口满足国内需求,又通过鼓励出口培育产业竞争力和外贸竞争新优势;积极推动文化艺术、广播影视、新闻出版、教育等承载中华文化核心价值的文化服务出口,大力促进文化创意、数字出版、动漫游戏等新型文化服务出口,加强中医药、体育、餐饮等特色服务领域的国际交流合作,提升中华文化软实力和影响力。

(五)优化服务贸易结构。优化服务贸易行业结构,积极开拓服务贸易新领域,稳步提升资本技术密集型服务和特色服务等高附加值服务在服务进出口中的占比。优化国际市场布局,继续巩固传统市场,在挖掘服务出口潜力的同时,加大资本技术密集型服务进口力度;大力开拓"一带一路"沿线国家市场,提高新兴国家市场占比,积极发展运输、建筑等服务贸易,培育具有丝绸之路特色的国际精品旅游线路和产品,推进承载中华文化的特色服务贸易发展,提高资本技术密集型服务贸易占比。优化国内区域布局,巩固东部沿海地区的规模和创新优势,加快发展资本技术密集型服务贸易,发挥中西部地区的资源优势,培育特色产业,鼓励错位竞争、协同发展。

(六)规划建设服务贸易功能区。充分发挥现代服务业和服务贸易集聚作用,在有条件的地区开展服务贸易创新发展试点。依托现有各类开发区和自由贸易试验区规划建设一批特色服务出口基地。拓展海关特殊监管区域和保税监管场所的服务出口功能,扩充国际转口贸易、国际物流、中转服务、研发、国际结算、分销、仓储等功能。

(七)创新服务贸易发展模式。积极探索信息化背景下新的服务贸易发展模式,依托大数据、物联网、移动互联网、云计算等新技术推动服务贸易模式创新,打造服务贸易新型网络平台,促进制造业与服务业、各服务行业之间的融合发展。将承接服务外包作为提升我国服务水平和国际影响力的重要手段,扩大服务外包产业规模,增加高技术含量、高附加值外包业务比重,拓展服务外包业务领域,提升服务跨境交付能力。推动离岸、在岸服务外包协调发展,在积极承接国际服务外包的同时,逐步扩大在岸市场规模。

(八)培育服务贸易市场主体。打造一批主业突出、竞争力强的大型跨国服务业企业,培育若干具有较强国际影响力的服务品牌;支持有特色、善创新的中小企业发展,引导中小企业融入全球供应链。鼓励规模以上服务业企业走国际化发展道路,积极开拓海外市场,力争规模以上服务业企业都有进出口实绩。支持服务贸易企业加强自主创新能力建设,鼓励服务领域技术引进和消化吸收再创新。

（九）进一步扩大服务业开放。探索对外商投资实行准入前国民待遇加负面清单的管理模式,提高利用外资的质量和水平。推动服务业扩大开放,推进金融、教育、文化、医疗等服务业领域有序开放,逐步实现高水平对内对外开放;放开育幼养老、建筑设计、会计审计、商贸物流、电子商务等服务业领域外资准入限制。积极参与多边、区域服务贸易谈判和全球服务贸易规则制定。建立面向全球的高标准自由贸易区网络,依托自由贸易区战略实施,积极推动服务业双向互惠开放。基本实现内地与港澳服务贸易自由化。推动大陆与台湾服务业互利开放。

（十）大力推动服务业对外投资。支持各类服务业企业通过新设、并购、合作等方式,在境外开展投资合作,加快建设境外营销网络,增加在境外的商业存在。支持服务业企业参与投资、建设和管理境外经贸合作区。鼓励企业建设境外保税仓,积极构建跨境产业链,带动国内劳务输出和货物、服务、技术出口。支持知识产权境外登记注册,加强知识产权海外布局,加大海外维权力度,维护企业权益。

三、政策措施

（十一）加强规划引导。发挥规划的引领作用,定期编制服务贸易发展规划。指导地方做好规划工作,确立主导行业和发展重点,扶持特色优势行业发展。加强对重点领域的支持引导,制订重点服务出口领域指导目录。建立不同层级的重点企业联系制度。

（十二）完善财税政策。充分利用外经贸发展专项资金等政策,加大对服务贸易发展的支持力度,进一步优化资金安排结构,突出政策支持重点,完善和创新支持方式,引导更多社会资金加大对服务贸易发展的支持力度,拓宽融资渠道,改善公共服务。结合全面实施"营改增"改革,对服务出口实行零税率或免税,鼓励扩大服务出口。

（十三）创新金融服务。加强金融服务体系建设,鼓励金融机构在风险可控的前提下创新金融产品和服务,开展供应链融资、海外并购融资、应收账款质押贷款、仓单质押贷款、融资租赁等业务。鼓励政策性金融机构在现有业务范围内加大对服务贸易企业开拓国际市场、开展国际并购等业务的支持力度,支持服务贸易重点项目建设。鼓励保险机构创新保险品种和保险业务,探索研究推出更多、更便捷的外贸汇率避险险种,在风险可控的前提下采取灵活承保政策,简化投保手续。引导服务贸易企业积极运用金融、保险等多种政策工具开拓国际市场,拓展融资渠道。

推动小微企业融资担保体系建设,积极推进小微企业综合信息共享。加大多层次资本市场对服务贸易企业的支持力度,支持符合条件的服务贸易企业在交易所市场上市、在全国中小企业股份转让系统挂牌、发行公司债和中小企业私募债等。

(十四)提高便利化水平。建立和完善与服务贸易特点相适应的口岸通关管理模式。探索对会展、拍卖、快递等服务企业所需通关的国际展品、艺术品、电子商务快件等特殊物品的监管模式创新,完善跨境电子商务通关服务。加强金融基础设施建设,便利跨境人民币结算,鼓励境内银行机构和支付机构扩大跨境支付服务范围,支持服务贸易企业采用出口收入存放境外等方式提高外汇资金使用效率。加强人员流动、资格互认、标准化等方面的国际磋商与合作,为专业人才和专业服务"引进来"和"走出去"提供便利。为外籍高端人才办理在华永久居留提供便利。

(十五)打造促进平台。支持商协会和促进机构开展多种形式的服务贸易促进活动,通过政府购买服务的形式整体宣传"中国服务",提升服务贸易品牌和企业形象。支持企业赴境外参加服务贸易重点展会。积极培育服务贸易交流合作平台,形成以中国(北京)国际服务贸易交易会为龙头、以各类专业性展会论坛为支撑的服务贸易会展格局,鼓励其他投资贸易类展会增设服务贸易展区。积极与主要服务贸易合作伙伴和"一带一路"沿线国家签订服务贸易合作协议,在双边框架下开展务实合作。

四、保障体系

(十六)健全法规体系。加快推进相关服务行业基础性法律制度修订工作,逐步建立和完善服务贸易各领域法律法规体系,规范服务贸易市场准入和经营秩序。研究制定或完善有关服务进出口的相关法规。鼓励有条件的地方出台服务贸易地方性法规。建立与国际接轨的服务业标准化体系。

(十七)建立协调机制。建立国务院服务贸易发展协调机制,加强对服务贸易工作的宏观指导,统筹服务业对外开放、协调各部门服务出口政策、推进服务贸易便利化和自由化。各地要将大力发展服务贸易作为稳定外贸增长和培育外贸竞争新优势的重要工作内容,纳入政府考核评价指标体系,完善考核机制。

(十八)完善统计工作。建立和完善国际服务贸易统计监测、运行和分析体系,健全服务贸易统计指标体系,加强与国际组织、行业协会的数据信息交流,定期发布服务贸易统计数据。创新服务贸易统计方法,加强对地方服务贸易统计工作的指导,开展重点企业数据直报工作。

(十九)强化人才培养。大力培养服务贸易人才,加快形成政府部门、科研院所、高校、企业联合培养人才的机制。加大对核心人才、重点领域专门人才、高技能人才和国际化人才的培养、扶持和引进力度。鼓励高等学校国际经济与贸易专业增设服务贸易相关课程。鼓励各类市场主体加大人才培训力度,开展服务贸易经营管理和营销服务人员培训,建设一支高素质的专业人才队伍。

(二十)优化发展环境。积极营造全社会重视服务业和服务贸易发展的良好氛围。清理和规范服务贸易相关法律法规和部门规章,统一内外资法律法规,培育各类市场主体依法平等进入、公平竞争的营商环境。推动行业协会、商会建立健全行业经营自律规范、自律公约和职业道德准则,规范会员行为,推进行业诚信建设,自觉维护市场秩序。

五、组织领导

(二十一)各地区、各有关部门要从全局和战略的高度,充分认识大力发展服务贸易的重要意义,根据本地区、本部门、本行业实际情况,制订出台行动计划和配套支持政策。各地区要建立工作机制,结合本地实际,积极培育服务贸易特色优势产业。各有关部门要密切协作,形成合力,促进产业政策、贸易政策、投资政策的良性互动,积极营造大力发展服务贸易的政策环境。

附件:重点任务分工及进度安排表

国务院

2015 年 1 月 28 日(此件公开发布)

附件:重点任务分工及进度安排表

序号	工作任务	负责部门	时间进度
1	在有条件的地区开展国际服务贸易创新发展试点。依托现有各类开发区和自由贸易试验区规划建设一批特色服务出口基地。	商务部牵头,发展改革委、财政部、海关总署、质检总局参加	2015 年上半年启动
2	拓展海关特殊监管区域和保税监管场所的服务出口功能,扩充国际转口贸易、国际物流、中转服务、研发、国际结算、分销、仓储等功能。	海关总署牵头,发展改革委、财政部、商务部、人民银行、税务总局、质检总局等参加	持续实施
3	探索对外商投资实行准入前国民待遇加负面清单的管理模式。	发展改革委、商务部牵头,相关部门参加	2015 年 3 月实施
4	积极参与多边、区域服务贸易谈判和全球服务贸易规则制定。建立面向全球的高标准自由贸易区网络,依托自由贸易区战略实施,积极推动服务业双向互惠开放。基本实现内地与港澳服务贸易自由化。推动大陆与台湾服务业互利开放。	商务部牵头,发展改革委、港澳办、台办参加	持续实施

（续表）

序号	工作任务	负责部门	时间进度
5	支持各类服务业企业通过新设、并购、合作等方式,在境外开展投资合作,加快建设境外营销网络,增加在境外的商业存在。	发展改革委、商务部牵头	持续实施
6	支持服务业企业参与投资、建设和管理境外经贸合作区。鼓励企业建设境外保税仓,积极构建跨境产业链,带动国内劳务输出和货物、服务、技术出口。	商务部牵头,发展改革委、财政部、海关总署、贸促会参加	持续实施
7	支持知识产权境外登记注册,加强知识产权海外布局,加大海外维权力度,维护企业权益。	知识产权局、商务部牵头	持续实施
8	发挥规划的引领作用,定期编制服务贸易发展规划。指导地方做好规划工作,确立主导行业和发展重点,扶持特色优势行业发展。	商务部	持续实施
9	加强对重点领域的支持引导,制订重点服务出口领域指导目录。	商务部	2015年上半年实施
10	充分利用外经贸发展专项资金等政策,加大对服务贸易发展的支持力度,进一步优化资金安排结构,突出政策支持重点,完善和创新支持方式,引导更多社会资金加大对服务贸易发展的支持力度,拓宽融资渠道,改善公共服务。	财政部、商务部	持续实施
11	结合全面实施"营改增"改革,对服务出口实行零税率或免税,鼓励扩大服务出口。	财政部、税务总局牵头,商务部参加	持续实施
12	鼓励金融机构在风险可控的前提下创新金融产品和服务,开展供应链融资、海外并购融资、应收账款质押贷款、仓单质押贷款、融资租赁等业务。	银监会牵头,人民银行、商务部参加	持续实施
13	鼓励政策性金融机构在现有业务范围内加大对服务贸易企业开拓国际市场、开展国际并购等业务的支持力度,支持服务贸易重点项目建设。	银监会牵头,人民银行、商务部参加	持续实施
14	鼓励保险机构创新保险品种和保险业务,探索研究推出更多、更便捷的外贸汇率避险险种,在风险可控的前提下采取灵活承保政策,简化投保手续。	保监会	持续实施

（续表）

序号	工作任务	负责部门	时间进度
15	加大多层次资本市场对服务贸易企业的支持力度,支持符合条件的服务贸易企业在交易所市场上市、在全国中小企业股份转让系统挂牌、发行公司债和中小企业私募债等。	证监会、发展改革委	持续实施
16	建立和完善与服务贸易特点相适应的口岸通关管理模式。探索对会展、拍卖、快递等服务企业所需通关的国际展品、艺术品、电子商务快件等特殊物品的监管模式创新,完善跨境电子商务通关服务。	海关总署牵头,财政部、商务部、税务总局、质检总局、邮政局参加	持续实施
17	加强金融基础设施建设,便利跨境人民币结算,鼓励境内银行机构和支付机构扩大跨境支付服务范围,支持服务贸易企业采用出口收入存放境外等方式提高外汇资金使用效率。	人民银行、外汇局	持续实施
18	加强人员流动、资格互认、标准化等方面的国际磋商与合作,为专业人才和专业服务"引进来"和"走出去"提供便利。	商务部牵头,人力资源社会保障部、质检总局参加	持续实施
19	为外籍高端人才办理在华永久居留提供便利。	公安部	持续实施
20	支持企业赴境外参加服务贸易重点展会。积极培育服务贸易交流合作平台,形成以中国(北京)国际服务贸易交易会为龙头、以各类专业性展会论坛为支撑的服务贸易会展格局,鼓励其他投资贸易类展会增设服务贸易展区。	商务部牵头,贸促会参加	持续实施
21	积极与主要服务贸易合作伙伴和"一带一路"沿线国家签订服务贸易合作协议,在双边框架下开展务实合作。	商务部	持续实施
22	研究制定或完善有关服务进出口的相关法规。	商务部牵头,相关部门参加	持续实施
23	建立国务院服务贸易发展协调机制,加强对服务贸易工作的宏观指导,统筹服务业对外开放、协调各部门服务出口政策、推进服务贸易便利化和自由化。	商务部	2015年上半年启动

（续表）

序号	工作任务	负责部门	时间进度
24	建立和完善国际服务贸易统计监测、运行和分析体系,健全服务贸易统计指标体系,加强与国际组织、行业协会的数据信息交流,定期发布服务贸易统计数据。创新服务贸易统计方法,加强对地方服务贸易统计工作的指导,开展重点企业数据直报工作。	商务部牵头,统计局、外汇局、贸促会参加	持续实施
25	鼓励高等学校国际经济与贸易专业增设服务贸易相关课程。	教育部	持续实施

附录3

国务院关于同意开展服务贸易创新发展试点的批复

国函〔2016〕40号

天津市、黑龙江省、上海市、江苏省、浙江省、山东省、湖北省、广东省、海南省、重庆市、四川省、贵州省、陕西省人民政府,商务部:

商务部关于开展服务贸易创新发展试点的请示收悉。现批复如下:

一、原则同意商务部提出的《服务贸易创新发展试点方案》,同意在天津、上海、海南、深圳、杭州、武汉、广州、成都、苏州、威海和哈尔滨新区、江北新区、两江新区、贵安新区、西咸新区等省市(区域)开展服务贸易创新发展试点。试点期为2年,自国务院批复之日起算。

二、试点建设要全面贯彻党的十八大和十八届三中、四中、五中全会精神,认真落实党中央、国务院决策部署,按照"四个全面"战略布局要求,牢固树立并贯彻落实创新、协调、绿色、开放、共享的发展理念,充分发挥地方在发展服务贸易中的积极性和创造性,推进服务贸易领域供给侧结构性改革,健全服务贸易促进体系,探索适应服务贸易创新发展的体制机制和政策措施,着力构建法治化、国际化、便利化营商环境,打造服务贸易制度创新高地。

三、有关部门和省、直辖市人民政府要适应服务贸易创新发展要求,坚持深化简政放权、放管结合、优化服务等改革,加强对试点工作的指导和政策支持,积极鼓励试点地区大胆探索、创新发展。

四、试点地区人民政府(管委会)要加强对试点工作的组织领导,负责试点工作的实施推动、综合协调及措施保障。按照《服务贸易创新发展试点方案》要求,重点在管理体制、促进机制、政策体系和监管模式方面先行先试,形成可复制可推广的经验,定期向商务部报送试点成果,为全国服务贸易创新发展探索路径。要结合本地实际,突出地方特色,制定试点工作实施方案,经省级人民政府批准同意后,报商务部备案。

五、国务院有关部门要按照职能分工,加强指导和服务。加强部门之间的沟通协作和政策衔接,深入调查研究,及时总结经验,指导和帮助地方政府切实解决试点中遇到的困难和问题,为试点建设创造良好的环境。商务部要加强统筹协调、跟踪分析和督促检查,适时对试点工作进行评估,重大问题和情况及时报告国务院。

附件:服务贸易创新发展试点方案

国务院

2016 年 2 月 22 日(此件公开发布)

附件:服务贸易创新发展试点方案

服务贸易创新发展试点方案

加快发展服务贸易是促进外贸转型升级的重要支撑,是推进供给侧结构性改革和培育新动能的重要抓手,是大众创业、万众创新的重要载体,对于推动出口、带动就业,实现外贸从“大进大出”向“优进优出”转变具有重要意义。按照《中共中央国务院关于构建开放型经济新体制的若干意见》和《国务院关于加快发展服务贸易的若干意见》(国发〔2015〕8 号)有关要求,为探索适应服务贸易创新发展的体制机制和支持政策体系,促进服务贸易创新发展,特制定本方案。

一、总体要求

全面贯彻党的十八大和十八届三中、四中、五中全会精神,按照党中央、国务院决策部署,牢固树立创新、协调、绿色、开放、共享的发展理念,充分发挥地方的积极性和创造性,选择部分地区在服务贸易管理体制、促进机制、政策体系、监管模式等方面先行先试,推进服务贸易便利化和自由化,着力构建法治化、国际化、便利化营商环境,打造服务贸易制度创新高地。

二、试点地区及期限

试点地区为天津、上海、海南、深圳、杭州、武汉、广州、成都、苏州、威海等 10 个省市和哈尔滨新区、江北新区、两江新区、贵安新区、西咸新区等 5 个国家级新区。试点期为 2 年。

三、试点任务

(一)探索完善服务贸易管理体制。建立与国际服务贸易通行规则相衔接的促进、服务和监管体系,探索适应服务贸易创新发展的体制机制。开展服务贸易领域地方性法规立法探索,构建法治化、国际化、便利化营商环境。加强统筹协调,建立服务贸易跨部门协调机制,促进产业政策、贸易政策、投资政策的有效衔接、良性互动。健全政府、协会、企业协同配合的服务贸易促进和服务体系,建立服务贸易重点企业联系制度。

(二)探索扩大服务业双向开放力度。结合本地区产业特色,稳步推进金融、教育、文化、医疗、育幼养老、建筑设计、会计审计、商贸物流等行业对外开放。支持本地区旅游、研发设计、会计咨询、资产评估、信用评级、法律服务、商贸物流等领域企业开展跨国经营,支持企业深度开拓国际市场。

(三)探索培育服务贸易市场主体。加强部门协作,整合公共资源,加大对服务出口重点领域企业的支持力度,推动扩大服务出口。依托服务贸易重点领域的大企业,探索建立一批项目对接平台、国际市场推广平台、共性技术支撑平台等公共服务平台,为行业内中小企业提供公共服务,支持有特色、善创新的中小企业发展,引导中小企业融入全球价值链。

(四)探索创新服务贸易发展模式。积极探索信息化背景下服务贸易发展新模式,依托大数据、物联网、移动互联网、云计算等新技术推动服务贸易模式创新,打造服务贸易新型网络平台。促进技术贸易、金融、中医药服务贸易领域加快发展。积极承接离岸服务外包,提升服务跨境交付能力。

(五)探索提升服务贸易便利化水平。创新通关监管机制和模式,为服务贸易企业进出口货物提供通关便利。探索便利跨境电子商务、供应链管理等新型服务模式发展的监管方式。依托海关特殊监管区域,发展特色服务出口产业。推动境内外专业人才和专业服务便利流动,为外籍高端人才在华工作居留等提供便利。

(六)探索优化服务贸易支持政策。发挥财政资金引导作用,加大对服务贸易发展的支持力度,优化资金安排结构,完善和创新支持方式,引导更多社会资金投入服务贸易,支持服务贸易企业加强创新能力建设。探索设立服务贸易创新发展引导基金,拓宽融资渠道,扶持服务贸易企业发展壮大。鼓励金融机构积极创新金融产品和服务,按照风险可控、商业可持续原则,积极为"轻资产"服务贸易企业提供融资便利。

(七)探索健全服务贸易统计体系。建立统计监测、运行和分析体系,拓展基础数据来源,整合各部门服务贸易统计信息,实现共用共享。创新统计方法,完善重点企业数据直报工作,创新数据采集方式,扩大统计覆盖面,实现应统尽统。探索建立对服务贸易四种模式(跨境提供、境外消费、商业存在和自然人移动)的全口径统计。

(八)探索创新事中事后监管举措。进一步简政放权、放管结合,寓管理于服务之中。完善技术、文化等领域进出口监测,探索创新事中事后监管举措,形成各部门信息共享、协同监管和社会公众参与监督的监管体系,确保政治经济文化安全。建立服务贸易市场主体信用记录,纳入信用信息共享平台,探索对严重失信主体实施跨部门联合惩戒,对诚实守信主体实施联合奖励。实施"互联网+监管",探索运用大数据技术,依据信用记录和信用评价,对相关主体实行差别化分类监管。将服务贸易创新发展试点情况纳入地方政府考核评价指标体系,完善考核机制。

试点地区要根据上述要求细化形成各自的试点方案,在全面推进落实八项试点任务的同时,立足产业发展特点和自身优势,突出重点、精准施策,确定一批重点发展的行业和领域,建设若干特色服务出口基地,形成可在全国复制推广的改革、开放、创新经验。

四、政策保障

(一)加大中央财政支持力度。中央财政支持建立服务贸易统计监测管理信息系统,创新事中事后监管举措,切实防止骗税和骗取补贴等行为。支持试点地区建设服务贸易和服务外包公共服务平台。对试点地区进口国内急需的研发设计、节能环保和环境服务等给予贴息支持。

(二)完善税收优惠政策。在试点地区扩大技术先进型服务企业认定范围,由服务外包扩大到其他高技术、高附加值的服务行业。将服务外包领域技术先进型服务企业税收优惠政策由服务外包示范城市推广到试点地区。经认定的技术先进型服务企业,减按15%税率缴纳企业所得税;职工教育经费不超过工资薪金总额8%部分据实税前扣除,超过部分,准予在以后纳税年度结转扣除。

(三)落实创新金融服务举措。鼓励和支持在服务贸易及相关的投融资和跨境电子商务活动中使用人民币进行计价结算,规避企业汇率风险。鼓励金融机构积极创新适合服务贸易特点的金融服务,扩大出口信用保险保单融资,大力发展供应链融资、海外并购融资、应收账款质押贷款和融资租赁等业务。鼓励政策性金融机构在现有业务范围内加大对服务贸易企业开拓国际市场、开展国际并购的支持力度。

(四)设立服务贸易创新发展引导基金。中央财政支持设立服务贸易创新发展引导基金,为试点地区有出口潜力、符合产业导向的中小服务企业提供融资支持服务。

(五)探索便利化举措。对试点地区经认定的技术先进型服务企业,全面实施服务外包保税监管模式。

五、组织实施

各有关部门和地方人民政府要加强组织领导,落实工作责任。试点地区人民政府(管委会)作为试点工作的责任主体,负责试点工作的组织领导、实施推动、综合协调及措施保障,每年向商务部报送试点成果和可复制可推广的经验。有关省、直辖市人民政府要加强对试点工作的指导和政策支持。商务部要充分发挥国务院服务贸易发展部际联席会议办公室作用,会同有关部门加强宏观指导、督促推动、考核评估和政策协调,及时总结工作经验,组织复制推广,并将年度考核结果报国务院。

参考文献

［1］郑珍远.基于因子分析的福建省优势服务业综合评价[J].经济问题,2010(11).

［2］高传胜,李善同.全球危机与经济复苏:中国服务业的作用[J].经济研究参考,2010(32).

［3］盛斌,马盈盈.中国服务贸易出口结构和国际竞争力分析:基于贸易增加值的视角[J].东南大学学报(哲学社会科学版),2018(1).

［4］胡鞍钢,谢宜泽,任皓.高质量发展:历史、逻辑与战略布局[J].行政管理改革,2019(1).

［5］周曙东.关于新经济测度方法的思考[J].中国统计,2017(12).

［6］樊继达.新时代居民扩大消费的梗阻及疏解[J].人民论坛,2019(2).

［7］成定平.投资结构调控与加快服务业发展研究[J].经济学家,2015(2).

［8］马国强.投资结构与经济发展方式转变[J].中国财政,2015(20).

［9］邓少军,芮明杰,赵付春.多层次信息消费驱动传统产业转型升级的路径模式——供给侧与需求侧对接的视角[J].复旦学报(社会科学版),2017(59).

［10］钱娟,李金叶.经济大国增长动力结构演进路径与逻辑异质性分析及其对中国的启示——基于1960~2015年美、日发展经验[J].税务与经济,2017(4).

［11］廖耀华.新常态下创新驱动内需消费及其择机成因研究[J].商业经济研究,2016(20).

［12］董晓松.外生驱动互联网消费增长的微观空间计量研究[J].商业经济与管理,2016(6).

［13］郭晶,杨小红.品质消费下移动消费需求与行为分析[J].商业经济研究,2018(22).

［14］依绍华.强化自主品牌对促进品质消费的研究[J].价格理论与实践,2017(7).

［15］潘红虹.消费升级的国际经验与我国消费升级路径分析[J].企业经济,2019(38).

［16］杨小勇,乔文瑄,杨育.改革开放40年来我国消费关系演变及其机理研究[J].上海财经大学学报,2019(21).

［17］朱迪.中等收入群体的消费趋势:2006—2015[J].河北学刊,2017(37).

［18］薛继亮.基于产业转型升级视角的中国就业结构转变研究[J].财经问题研究,2017(3).

［19］安同良,千慧雄.中国居民收入差距变化对企业产品创新的影响机制研究[J].经济研究,2014(49).

［20］赵磊.旅游发展会影响居民消费吗?——来自中国的经验证据[J].旅游学刊,2012(27).

［21］杨玉英.中国生产性服务业发展战略[M].北京:经济科学出版社,2010.

［22］杨玉英,郭丽岩.文化服务业的经济分析[M].北京:中国社会科学出版社,2010.